CIVITAS

& LES NOUVEAUX FOUS DE DIEU

DU MÊME AUTEUR

Médias - la faillite d'un contre-pouvoir (en collaboration avec Philippe Merlant), Fayard, collection Doc/Témoignage, 2009.

Les tartuffes du petit écran, Jean-Claude Gawsewitch Éditeur, collection Coup de gueule, 2012.

Luc Chatel

CIVITAS & LES NOUVEAUX FOUS DE DIEU

TempsPrésent

TempsPrésent
68 rue de Babylone - 75007 Paris
www.temps-present.fr

ISBN 978-2-916842-172

« Dans les communes d'une certaine importance, la possibilité de nettoyer les bibliothèques municipales de certains ouvrages subversifs, voire amoraux, s'ouvre à ceux qui pourraient se présenter. »

Alain Escada, président de Civitas

(Le Forum catholique – 28 janvier 2013)

AVANT-PROPOS

Depuis des années, on déclare l'Église catholique en crise, quasi-agonisante. Et l'on constate, études à l'appui, un nombre toujours plus faible de fidèles et de prêtres. Notamment dans le pays qui fut longtemps présenté comme « fille aînée de l'Église », la France. Mais voici qu'en 2013... les catholiques sont de retour. Nouveau pape acclamé par les foules et les médias[1], manifestations françaises à succès contre le mariage pour tous, projet de loi espagnol limitant le droit à l'avortement... Et parmi les catholiques les plus vigoureux, on trouve les plus ultras : traditionalistes et intégristes. Ce groupe d'irréductibles est sorti avec fracas de son demi-sommeil en 2011. D'Avignon à Paris, ils ont dénoncé des œuvres d'art en criant au blasphème et à la christianophobie. Des responsables politiques et religieux ont embrayé. Les médias ont rappliqué illico. Rebelote en 2012 et 2013. Traditionalistes et intégristes ont été parmi les plus visibles dans l'opposition au mariage pour tous. Début 2014, ils confirment en participant activement à l'orga-

1. Le pape François a été désigné personnalité de l'année 2013 par *Time Magazine* ainsi que par le plus ancien journal de la communauté homosexuelle aux États-Unis, *The Advocate*. Par ailleurs, le directeur du Centre d'étude sur les nouvelles religions (Cesnur), Massimo Introvigne, a réalisé deux enquêtes, l'une un mois après l'élection du pape François, l'autre sept mois après, qui soulignent une hausse de fréquentation dans les églises en Italie : c'est ce que lui ont déclaré plus de 50% des 250 religieux italiens qu'il a consultés pour ce sondage.

nisation de trois manifestations en moins d'un mois : Marche pour la vie, le 19 janvier, contre le droit à l'avortement (16 000 personnes, soit le double de l'année précédente, d'après les chiffres de la préfecture) ; Jour de Colère, le 23 janvier, contre la politique du gouvernement, avec la présence de militants néo-nazis ; Manif pour Tous, le 2 février, contre la politique « anti-famille » et pour l'abrogation du mariage pour tous. À l'occasion de toutes ces actions, ils se montrent présents comme jamais sur Internet et les réseaux sociaux. Alors même qu'ils représentent une infime minorité des catholiques. Nouvelles méthodes, nouvelle notoriété. Et surtout, nouveaux objectifs. Ils ont délaissé les débats théologiques pour l'arène politique. Le projet d'Alain Escada, président de Civitas, ou de Béatrice Bourges, présidente du Printemps français, ce n'est plus de dénoncer les conclusions du concile Vatican II mais de combattre des lois votées au parlement. Leur but n'est plus de faire tomber la République, c'est d'y trouver une place.

Le premier problème, face à ces fous de Dieu, c'est de les nommer : traditionalistes, intégristes, fondamentalistes ? Leurs innombrables associations, instituts et congrégations témoignent d'une certaine vitalité mais ne facilitent guère leur lisibilité. Sans compter les collectifs et groupuscules créés dans la foulée des mobilisations contre la loi Taubira : Printemps français, Hommen, Veilleurs, Sentinelles, Antigones, etc. La plupart refusent le terme « intégriste ». Entre autres pour une raison que donna Jean Madiran, un de leurs hérauts, dans *L'intégrisme – Histoire d'une histoire* (1964), son livre de référence : « *L'intégrisme ne s'est point fait connaître par lui-même : il n'est connu du public que par ses adversaires. (...) Mais il n'existe aucun ouvrage présentant "l'intégrisme peint par lui-même" ni aucun moyen d'écrire un tel ouvrage.* » Ses adeptes lui préfèrent l'adjectif « intégral », ou « intransigeant ». Le problème, comme nous le préciserons dans la première partie, c'est que leur vision du monde n'a rien d'intégral ni d'intransigeant. Elle est au contraire très partiale. L'idéologique l'emporte souvent sur le théologique. D'une façon générale, nous utiliserons le terme de catholiques ultras ou identitaires, en distinguant, si nécessaire, deux catégories. Les traditionalistes et les intégristes. Nous considérerons les premiers comme les catholiques qui restent fidèles à Rome et reconnaissent l'autorité du pape. Et les seconds comme ceux qui dénoncent le Vatican, de façon plus ou moins directe. Les premiers, ceux qui acceptent, par obéissance, les conclusions du concile Vatican II, tout en les combattant, et les seconds, ceux qui en demandent l'annulation (la « réinterprétation », selon leur vocable). Avec, en leur sein, des dissidences et sous-courants à côté desquels les ramifications interminables du nationalisme corse ou de l'ultra-gauche paraissent d'une simplicité évangélique. Sur le plan politique, si l'on associe souvent l'extrême droite aux catholiques traditionalistes et intégristes, les choses ne sont pas toujours aussi simples. On trouve chez eux toute une variété de pratiques et de pensées, qui vont des militants de l'UMP aux contemplatifs absolus en passant par des royalistes et des anarchistes[2]. Ceux qui nous intéressent ici sont les principaux groupes et leaders apparus dans le débat public ces dernières années et qui ont des liens étroits avec des idées, des personnalités ou des partis politiques d'extrême droite.

Avant de présenter plus en détail l'institut Civitas, emblématique des nouveaux intégristes (deuxième partie), puis de situer quelques-uns de leurs relais dans le monde catholique

2. Ces derniers sont représentés en France notamment par deux jeunes journalistes et essayistes de plus en plus influents dans la sphère catholique : Jacques de Guillebon et Falk Van Gaver (voir un extrait de leur prose dans la partie « citations », en fin d'ouvrage).

(troisième partie) et politique (quatrième partie), nous essaierons, dans une première partie, de montrer comment ils ont réussi à gagner en influence et en visibilité dans le débat public.

PREMIÈRE PARTIE

2011-2013 : le tournant

Les catholiques ultras ont été, en 2012 et en 2013, au cœur des combats contre le mariage pour tous. Ils ont même failli récupérer ce mouvement de masse avec la percée d'une figure comme Béatrice Bourges. Elle a été un temps porte-parole nationale de la Manif pour Tous, principale organisation d'opposants à la loi Taubira. Avant de se faire éjecter *manu militari*[1]. Et de créer son propre mouvement, le Printemps français. Bien qu'ils n'aient pas réussi à s'imposer comme tête de pont dans ce combat, les catholiques ultras ont fait la démonstration de leur omniprésence. Sur Internet notamment, avec l'animation d'une multitude de sites, blogs, pages Facebook et comptes Twitter très actifs. Ils ont également participé à de nombreux rassemblements publics : manifestations, conférences, débats. Ce qui a contribué à banaliser leur présence et leur image. Certains ont pris des initiatives grâce auxquelles ils ont vu venir vers eux des catholiques et des personnalités qu'ils ne côtoient habituellement guère, voire pas du tout. C'est par exemple ce qu'a fait l'institut Ichtus à l'automne 2013.

Comme nous le verrons plus en détail par la suite (troisième partie), cette organisation assume en bloc le parcours de son

1. Lors d'un rassemblement organisé par la Manif pour Tous le 16 juin 2013, elle s'est, de fait, vu interdire l'accès par le service d'ordre du mouvement, comme le montre une vidéo filmée par *I-Télé* et visible sur *Youtube*.

fondateur, Jean Ousset, dont tous les livres sont en vente sur le site Internet. Pétainiste assumé, cadre du gouvernement de Vichy, Jean Ousset créa au lendemain de la guerre La cité catholique, ancêtre d'Ichtus. Ce mouvement légitima, entre autres, l'usage de la torture en Algérie et la dictature argentine de Videla[2]. Ichtus est depuis sa fondation une organisation contre-révolutionnaire qui voit la démocratie comme un « système porteur d'une idéologie totalitaire ». Les 12 et 13 octobre 2013, l'institut organise à Paris un colloque intitulé « Catholiques en action ». Plus de cinq cents personnes y participent. On peut croiser, parmi les personnalités invitées, le candidat dissident de l'UMP à la mairie de Paris Charles Beigbeder, le député-maire UDI de Neuilly-sur-Seine Jean-Christophe Fromentin, le directeur de l'hebdomadaire *Famille chrétienne* Aymeric Pourbaix, le vice-président de la CFTC Joseph Thouvenel, l'ancienne députée européenne UMP Elizabeth Montfort, la porte parole de la Manif pour Tous Ludovine de la Rochère, le secrétaire du Conseil pontifical pour la famille Mgr Jean Laffitte etc. Et Béatrice Bourges, membre active et conférencière d'Ichtus.

Le président de Civitas, Alain Escada, a, lui, été mis à l'écart de toutes ces initiatives par ses coreligionnaires dès le début des mobilisations. Il a en revanche été très présent dans les médias. Sur les radios et les télévisions grand public notamment : *BFM TV, I-Télé, LCI, France 5, Canal +, Europe 1, France Inter, RMC*... Pour les journalistes comme pour le public, Alain Escada n'est pas un inconnu. Il s'est construit une petite notoriété grâce à une série de coups d'éclats en 2011 : à Avignon contre une œuvre d'art contemporain, *Piss Christ*, et à Paris

2. Ce que démontra notamment la journaliste Marie-Monique Robin dans son livre *Escadrons de la mort : l'école française* (éditions La Découverte).

contre deux pièces de théâtre, *Sur le concept du visage du fils de Dieu* et *Golgota Picnic*. Des opérations très préparées qui ont permis à ce groupuscule d'imposer dans le débat public les thèmes du blasphème et de la christianophobie. Nicolas Senèze, journaliste au quotidien *La Croix*, auteur de *La crise intégriste* (Bayard), explique à son propos : « *Civitas a bien réussi son coup. Ils ont réussi à faire croire que la religion était attaquée. En parlant de cathophobie, et donc en faisant l'amalgame entre ce qui peut se passer au Moyen-Orient et en France, ils ont attiré à eux toute une frange de catholiques "modérés".* »[3] Preuve de l'impact politique causé par Civitas : quelques jours après les premières manifestations parisiennes, le 7 décembre 2011, cinquante-neuf députés de droite publient une déclaration intitulée « Christianophobie en Orient... mais aussi en Occident ! », qui condamne les deux pièces de théâtre, signes d'un « déferlement christianophobe ». Le lendemain, Alain Escada publie un communiqué dans lequel il « *félicite chaleureusement ces courageux parlementaires !* » L'utilisation des thèmes du blasphème et de la christianophobie offre par ailleurs un écho médiatique à certains discours de fondamentalistes musulmans. Comparaison établie à l'époque par le blogueur Koz, catholique fervent pas vraiment progressiste, dans un billet critique intitulé « Christianophobe, la France ? » : « *Car jouons un peu sur les mots : trouver de l'antichristianisme dans le monde, c'est une évidence. René Rémond lui-même y a consacré deux opuscules. Mais depuis quand évoque-t-on de la* christianophobie *? Comment ne pas y voir une façon de broder autour de l'*islamophobie *? Manière de se placer aussi au rang des minorités maltraitées, façon de se situer encore par rapport aux musulmans.* » Alain Escada a sans doute été inspiré par l'incroyable impact international

3. Entretien au quotidien *Métro*, le 6 décembre 2011.

qu'a eu « l'affaire des caricatures » : en 2005, des musulmans ont protesté contre la publication dans un journal danois de dessins humoristiques caricaturant Mahomet. Ils ont dénoncé un blasphème et un acte islamophobe. Le scandale a traversé les frontières et a dégénéré en menaces de mort à l'encontre de ressortissants danois. En France, c'est le journal *Charlie Hebdo*, qui, en consacrant un numéro spécial à des caricatures de Mahomet, a soulevé contre lui toutes sortes de protestations et de menaces. Précisons que le blasphème n'est pas qu'un sujet de débat abstrait. Certains pays l'ont intégré dans leur code pénal au rang de crime. De façon explicite comme le Pakistan, depuis 1986. Il peut entraîner la peine de mort. De façon moins avouée dans des pays comme la Tunisie et l'Égypte, où il prend le nom de « diffamation religieuse » ou d'« outrage à l'Islam » pour inculper et emprisonner des opposants trop dérangeants. Le Qatar, partenaire économique privilégié de la France, envisage de l'établir. Fondamentalistes musulmans et intégristes catholiques se rejoignent aussi dans la dénonciation d'un « Occident décadent » et du droit à l'avortement et à l'euthanasie, dans le rejet des principes républicains et démocratiques et dans la volonté d'instaurer des régimes politiques d'essence religieuse, placés sous autorité divine.

Les anti-modernes s'éclatent sur Internet

Les catholiques identitaires se sont donc imposés dans le paysage. Et ceci, grâce à des méthodes inédites dans leur courant de pensée. Ces adversaires féroces du « modernisme » ont utilisé sans complexe l'un de ses chevaux de Troie : les nouvelles technologies. C'est l'une des bizarreries d'Internet : les catholiques ont fait partie des pionniers du web. Que ce soit à travers des sites, des blogs ou des forums. Et plus récemment sur Twitter et sur Facebook. Le 22 février 2003, un document officiel du Vatican, « L'Église et Internet », en fait une priorité : « *Il est également important qu'à tous les niveaux de l'Église, Internet soit utilisé de façon créative pour répondre aux propres responsabilités et accomplir l'œuvre de l'Église. Rester timidement en arrière de peur de la technologie ou pour d'autres raisons n'est pas acceptable.* » S'il arrive en deuxième position des comptes Twitter les plus suivis au monde, avec dix millions d'abonnés contre quarante millions pour Barack Obama, le pape François est en revanche le plus influent sur ce réseau social, d'après une étude de l'agence Burson-Marsteller du 26 juillet 2013. En effet, ses messages sont retweetés en moyenne plus de 11 000 fois, contre 2 309 fois pour le Président des États-Unis. En France, des blogueurs catholiques comptent depuis des années parmi les plus influents : Cybercuré, Koz, Patrice de Plunkett, Le petit chose... Or parmi les plus actifs, on trouve bon nombre d'adeptes de la messe en latin. *Le Salon beige*, *Tradinews*, *Le Rouge et le noir* ou *La Porte latine* (site officiel de la Fraternité Sacerdotale Saint-Pie X) sont des mines d'information. Et de grande qualité du point de vue technique. *Le Salon beige* a été classé 11ème blog le plus influent de France en janvier 2014 par le site *e-buzzing*. Le mouvement créé par Béatrice Bourges, le Printemps français, et tous les satellites qui gravitent autour, ne fonctionnent quasiment que par Internet, notamment à travers les réseaux sociaux : diffusion d'informations théoriques et pratiques, opérations de recrutement, commentaires d'actualité... Tout passe par la toile. Le Printemps français place l'utilisation d'Internet au rang de ses « principes de fonctionnement » : « *Face à un pouvoir autoritaire, isolé, qui emploie la violence policière, nous opposons le modèle du réseau, de l'adaptation, de la fluidité. Notre message se crée des canaux de communication spontanés. Notre réputation nous précède de ville en ville...* » À l'occasion d'une conférence donnée sur « Les nouvelles technologies au service du bien », Louis-Marie Resseguier, jeune militant fougueux de Civitas (voir la deuxième partie), déclarait : « *Nous devons être des cyber-combattants. Un réseau social, c'est indispensable pour militer et commenter l'actualité. Aujourd'hui, ça devient indispensable.* » C'est aussi sur Internet que l'on trouve le plus grand nombre d'entretiens accordés par les catholiques intégristes, que ce soit sur des sites partisans ou sous forme de vidéos postées sur *Youtube*. On signalera par exemple le travail effectué par Franck Abed, activiste royaliste qui avait envisagé de se présenter à la présidentielle de 2007. Il a réalisé des dizaines d'entretiens vidéos, parfois très longs, qui vont de religieux intégristes à Alain Soral en passant par Jean-Marie Le Pen.

Ce même Alain Soral que l'on retrouve fin janvier 2014 dans une affaire très médiatisée, autour de la soi-disante « théorie du genre ». Une personnalité de son entourage, Farida Belghoul, a utilisé massivement Facebook et l'envoi de SMS pour diffuser des rumeurs qui ont incité certains parents à retirer leurs enfants de l'école un jour par mois. Ces messages dénonçaient l'application d'une « théorie du genre » qui consisterait à enseigner les pratiques sexuelles aux enfants. Le vaste écho reçu par cette rumeur s'explique en partie par le long travail préparatoire des catholiques identitaires. C'est en effet un de leurs thèmes de prédilection. Pendant des années, Béatrice Bourges a donné des conférences au sein de l'institut Ichtus sur « la théorie du *gender* ». Alain Escada, lui, en a fait le thème d'un livre au titre à rallonge, publié en novembre 2013 : *Théorie du genre : l'idéologie qui voulait détruire la Création et libérer toutes les perversions humaines*. Il publia fin janvier 2014 un communiqué déclarant que « *Civitas soutient Farida Belghoul et dénonce les mensonges de Vincent Peillon concernant la théorie du genre* ». À la même période, Internet démontra son efficacité foudroyante à l'occasion du voyage officiel de François Hollande au Vatican, le 24 janvier 2014. Quelques jours avant, une pétition est lancée par un site, *citizengo.org*, sous forme de lettre ouverte au pape pour que celui-ci « *puisse officiellement faire état* » au Président de la République « *du profond malaise et de l'inquiétude grandissante de nombreux catholiques de France face à la promotion par son gouvernement d'atteintes majeures aux droits fondamentaux de la personne humaine* ». La pétition diffusée sur Internet atteint en quelques jours plus de 100 000 signatures. Toutes anonymes. À l'exception d'une personne, Julie Graziani, présentée comme une mère de famille de 35 ans. On n'en saura pas plus. Mais elle se retrouve interrogée dans tous les médias : *Le Monde, Le Parisien, La Croix, Le Point, BFM-TV, Famille chrétienne,* « L'émission pour tous » de Laurent Ruquier sur *France 2,* etc. Elle affirme être co-rédactrice du texte, avec deux autres personnes. Dont on n'aura jamais l'identité. Et explique que cet appel s'est fait à l'initiative de quelques amis, en dehors de toute organisation. Sur *France 2,* habillée de façon sexy, elle se présente comme une catholique moderne. Ce qu'elle ne dit pas en revanche, c'est que le site qui est à l'origine de cette pétition, *citizengo.org,* appartient à une fondation espagnole intégriste, HatzeOir. L'un de ses combats est notamment de faire interdire tout remboursement de l'IVG, même en cas de viol. Elle est, avec d'autres, à l'origine du projet de loi espagnol qui vise à revenir sur le droit à l'avortement. Par ailleurs, HatzeOir est soupçonnée par certains d'être financée par une puissante organisation paramilitaire intégriste d'extrême-droite, El Yunque, fondée au Mexique (voir l'article du quotidien *El Païs* : « Los secretos del Tea Party español », 2 janvier 2011). Formidable outil de transparence, Internet permet aussi d'avancer masqué.

Les tenants de la Tradition ont intégré une autre leçon de nos temps hyper-modernes, celle de la société du spectacle. Longtemps, ils ont confiné leurs débats aux épaisses enceintes des abbayes et des séminaires. Et réservé leurs tribunes à des revues confidentielles. La nouvelle génération, elle, fait un choix radicalement différent. Celui de l'arme fatale : la télévision. Et pour passer dans la petite lucarne, il faut faire sensation. Organiser une mise en scène, un spectacle. Béatrice Bourges l'a également théorisé dans la liste des principes du Printemps français, sous l'intitulé « création d'événements » : « *L'événement provoqué devient le média du militantisme. Nous devons rechercher l'efficacité politique du témoignage jusque dans sa mise en scène. Il s'agit de perturber la codification convenue de l'information pour créer un sens différent. Le nouvel impératif de la politique est d'installer l'événement au centre du débat. C'est de cette manière que nous briserons l'encerclement médiatique.* » Pourtant, ce n'est pas elle qui en a donné l'illustration la plus flagrante. Elle s'est longtemps contentée de suivre le mouvement. Le plus efficace, dans ce domaine, c'est incontestablement Alain Escada. C'est à Avignon qu'il en a fait la preuve pour la première fois, en 2011, comme rappelé précédemment. Il a été épaulé dans ce show par un collectif plus groupusculaire et violent, Renouveau français. L'action s'est passée à deux niveaux. Le premier était du ressort de Civitas. L'association a initié des manifestations en forme de processions, où tous les sens du public ont été mis en éveil. Les yeux se sont régalés du cortège de religieux en soutane et col romain. Au-dessus de leurs têtes flottaient une multitude de fanions et de drapeaux rappelant le bon vieux temps de la monarchie de droit divin. Les oreilles, elles, pouvaient goûter à la musique, devenue rare dans les mass médias, de chants religieux entonnés en chœur. On se serait presque cru à un spectacle du Puy du Fou, cher à Philippe de Villiers. Le deuxième niveau, orchestré par Renouveau français, était plus brutal : destruction partielle de la photo *Piss Christ* à coups de marteaux et agression de spectateurs des pièces de théâtre à Paris, avec des œufs et de l'huile de vidange (voir la deuxième partie). Démonstration + transgression = opération réussie.

Un tropisme américain a touché depuis quelques années nos frontières, sans épargner les plus antilibéraux des catholiques : la judiciarisation de la société. Certains mouvements intégristes ont en effet compris qu'en faisant entrer leurs thèmes de prédilection dans les prétoires, si possible en choisissant des sujets médiatiques, ils auraient une caisse de résonance inédite. Un jeune avocat en a fait sa spécialité : maître Jérôme Triomphe. Il a notamment réussi à s'imposer dans une affaire devenue emblématique, aux nombreux rebondissements. Elle concerne Vincent Lambert, un jeune homme devenu tétraplégique : une partie de sa famille, dont sa compagne, ainsi que ses médecins, aimerait accélérer sa fin de vie. Les parents, eux, s'y opposent. Or ces derniers sont des fidèles de la Fraternité Sacerdotale Saint-Pie X (FSSPX. Voir la troisième partie). Tout comme Jérôme Triomphe, qui en est, lui, un membre actif. Une de ses prestations médiatiques, dans une émission de *France 5*, le 19 octobre 2011, au côté d'un porte-parole de Civitas, a été saluée par l'organisation intégriste sur son site Internet : « *Honneur donc aux deux élèves issus des écoles de la FSSPX et honneur à leurs maîtres qui les ont si bien formés* ». Jérôme Triomphe a connu son heure de gloire médiatique et judiciaire lorsque le tribunal administratif de Châlons-en-Champagne, le 16 janvier 2014, a suspendu la décision de l'équipe médicale d'arrêter la nutrition et l'hydratation artificielles de Vincent Lambert, donnant ainsi raison à ses parents. Ce procès a relancé de façon très vive le débat sur l'euthanasie, un des chevaux de bataille des catholiques intégristes, qui y sont totalement opposés. Un an plus tôt, Jérôme Triomphe avait porté plainte contre les Femen, au nom de Civitas, suite à leur irruption lors d'une manifestation organisée par l'institut intégriste, le 18 novembre 2012. Alors même que ces dernières, ainsi que l'essayiste Caroline Fourest présente à leurs côtés, avaient été violemment agressées. Vu la notoriété des Femen, c'était une formidable tribune pour Civitas. Comme l'avait été la destruction de l'œuvre *Piss Christ*, en avril 2011, à Avignon. Les auteurs de l'acte avaient pu compter sur un avocat en totale empathie avec leurs idées : maître Jérôme Triomphe.

Un modèle surprenant : Antonio Gramsci

Civitas choisit ses cibles avec soin. Elles touchent notamment à la création artistique, la culture. Un domaine a priori étonnant pour des mouvements religieux. D'autant que les textes de loi qu'ils combattent concernent des questions de droit et de bioéthique. Que viennent faire l'art contemporain et le théâtre dans ce champ de bataille ? En cherchant la réponse, on découvre qu'Alain Escada et ses comparses ont de surprenantes sources d'inspiration. En effet, une de leurs références majeures n'est autre qu'Antonio Gramsci (1891-1937), le fondateur du Parti communiste italien. Par ailleurs intellectuel de grande renommée. Il a notamment théorisé le concept d'« hégémonie culturelle ». D'après lui, et en le résumant à l'extrême, les principales victoires politiques ne peuvent se gagner sans victoires idéologiques préalables. Or ces dernières se préparent sur le terrain de l'éducation, des médias, des corps intermédiaires. Tous domaines qu'il faut arriver à imprégner des idées que l'on veut voir triompher. Dans un entretien vidéo, Alain Escada déclare : « *À travers ce théoricien gauchiste qu'est Gramsci, il y a eu dans les milieux gauchistes révolutionnaires la compréhension de l'importance du culturel dans la manipulation des esprits, ou en tout cas dans la direction de l'opinion. Et de fait, on a vu qu'à partir du moment où Gramsci a théorisé cette réflexion, l'a propagée dans les milieux intellectuels gauchistes, eux ont perçu que cela partait d'une réalité. Aujourd'hui, le culturel a suffisamment d'impact sur l'opinion publique pour vraiment concevoir, créer une opinion publique nouvelle, qui rompt avec sa pensée précédente. Soyons honnête : malheureusement, une grande partie de nos concitoyens n'ont pas d'opinion personnelle. Ils se laissent balader par les influences de ce qu'on appellerait les faiseurs d'opinion.* » (*Youtube*, 8 septembre 2011).

Béatrice Bourges, elle, a fait référence au dirigeant communiste lors d'une conférence donnée au Back Up, une boîte étudiante de la grande bourgeoise parisienne, le 5 juillet 2013, en présence de Robert Ménard et Renaud Camus, deux proches de Marine Le Pen : « *Il s'agit d'investir massivement ce qui est à notre portée, construit ou à construire. Comme Gramsci l'a théorisé, cela passe par une préparation de l'avènement politique dans le culturel, par un investissement qui ne tienne pas compte de la lèpre médiatique et n'aie pas peur d'approcher des groupes dits "radicaux", par un investissement des syndicats et des partis.* » Ce faisant, Alain Escada et Béatrice Bourges reprennent en partie les thèses avancées par Jean Ousset quand il a fondé la Cité catholique, devenue Ichtus. C'est ce que souligne sa biographie telle que présentée sur le site de l'organisation : « *Jean Ousset connaît de plus parfaitement la pensée d'Antonio Gramsci, fondateur du Parti communiste italien, qui expliquait qu'il n'y a pas de prise de pouvoir politique possible sans au préalable passer par une conquête du pouvoir idéologique et culturel. L'exemple de la Révolution française préparée tout au long du XVIIIe siècle par les loges maçonniques et les salons qui diffusaient la pensée des "Lumières" fournissant une illustration concrète avant l'heure du bien-fondé de cette théorie. En 1967, l'Office change donc de nom*[4] *et prend en compte la dimension culturelle pour devenir "l'Office International des œuvres de formation civique et d'action culturelle selon le droit naturel et chrétien". À cette époque, Jean Ousset ne faisait qu'entrevoir quelles modalités concrètes donner à ce combat culturel.* » Les modalités, ses héritiers tentent aujourd'hui de les inventer. On peut douter cependant de la bonne compréhension des écrits de Gramsci par ces activistes quand ils les réduisent à de la « manipulation » ou à de la « création d'événements ».

Merci Benoît !

Grâce à leur nouvelle stratégie, intégristes et traditionalistes ont été beaucoup plus visibles en deux ans qu'ils ne le furent pendant des décennies. Mais ils doivent aussi leur actuelle vigueur à des erreurs stratégiques commises par d'autres. Notamment par l'Église catholique et le pouvoir politique. Citons-en deux. La première commence le 19 avril 2005, au Vatican, avec l'élection du pape Benoît XVI. Beaucoup de choses vont dès lors changer, pendant quelques années, pour ses fidèles les plus identitaires. Car il a plutôt tendance à les apprécier. Et s'empresse donc de reprendre les discussions avec leurs principaux représentants, les intégristes de la Fraternité Sacerdotale Saint-Pie X. Les deux parties se connaissent déjà bien.

4. La Cité catholique avait une première fois changé de nom pour celui d'Office International des œuvres de formation civique et d'action doctrinale selon le droit naturel et chrétien.

Elles avaient entamé des négociations quand Joseph Ratzinger était préfet de la Congrégation pour la doctrine de la foi. Mais sa marge de manœuvre était plus limitée. Et cela pour deux raisons. D'une part, sa fonction lui procurait moins de pouvoir effectif qu'une fois devenu pape. D'autre part, son supérieur, Jean-Paul II, n'était pas spécialement enthousiasmé par la perspective de faire des concessions aux lefebvristes. Ni de les réintégrer dans l'Église. Surtout après l'excommunication en 1988 de Mgr Lefebvre. Benoît XVI, lui, veut faire de cet objectif une des priorités de son pontificat. Il y trouve deux motifs de satisfaction. Le premier touche à la liturgie. Le successeur de Jean-Paul II se sent à l'aise avec le rite tridentin[5] et ne voit pas d'obstacle à ce que les prêtres officient selon ses règles. Au contraire. La messe dite « ancienne » fait selon lui partie prenante de l'identité catholique. Elle participe à la distinguer et à la définir. Plus particulièrement encore dans un contexte de relativisme culturel généralisé, qu'il ne cesse de dénoncer. Le 22 février 2007, dans un des premiers textes fondateurs de son pontificat, l'exhortation apostolique *Sacramentum caritatis*, Benoît XVI écrit : « *Puisque la liturgie eucharistique est essentiellement* actio Dei *dont nous sommes participants en Jésus par l'Esprit, son fondement n'est pas à la disposition de notre arbitraire et il ne peut subir la pression des modes du moment.* » Il précise quelques lignes plus loin : « *excepté les lectures, l'homélie et la prière des fidèles, il est bon que ces célébrations soient en langue latine ; et donc que soient récitées en latin les prières les plus connues*

5. Établi par le concile de Trente en 1563 et resté en vigueur jusqu'à la promulgation du Nouveau Missel par Paul VI en 1970, dans la foulée du concile Vatican II, le rite tridentin comprend un ensemble de règles liturgiques dont les plus connues sont la célébration en latin, l'utilisation des chants grégoriens et le fait que le prêtre célèbre la messe le dos tourné aux fidèles.

de la tradition de l'Église et éventuellement que soient exécutées des pièces de chant grégorien. De façon plus générale, je demande que les futurs prêtres, dès le temps du séminaire, soient préparés à comprendre et à célébrer la Messe en latin, ainsi qu'à utiliser des textes latins et à utiliser le chant grégorien ; on ne négligera pas la possibilité d'éduquer les fidèles eux-mêmes à la connaissance des prières les plus communes en latin, ainsi qu'au chant en grégorien de certaines parties de la liturgie. »

Son deuxième motif de satisfaction, dans l'opération de rapprochement avec les intégristes, c'est l'unité de l'Église. Plus qu'une priorité, elle représente pour lui une obsession. Son souci de rassembler l'institution s'explique là encore par sa volonté d'annoncer haut et fort la Vérité catholique. Et cela se fera d'autant mieux qu'il n'y aura pas d'interférences dans la diffusion du message. Donc pas de division chez ceux qui l'émettent. C'est en insistant sur ce thème que Benoît XVI a donné sa dernière homélie, le 13 février 2013 : « *Le prophète, enfin, s'arrête sur la prière des prêtres, qui, les larmes aux yeux, se tournent vers Dieu en disant :* « N'expose pas ceux qui t'appartiennent à l'insulte et à la moquerie des païens ! Faudra-t-il qu'on dise : "Où donc est leur Dieu ?" » *(v. 17). Cette prière nous fait réfléchir sur l'importance du témoignage de foi et de vie chrétienne de chacun de nous et de nos communautés pour manifester le visage de l'Église et comment ce visage est, parfois, défiguré. Je pense en particulier aux coups portés contre l'unité de l'Église, aux divisions dans le corps ecclésial. Vivre le Carême dans une plus intense et évidente communion ecclésiale, dépassant les individualismes et les rivalités, est un signe humble et précieux pour ceux qui sont loin de la foi ou indifférents.* » Une longue série de discussions officielles a lieu au Vatican durant son pontificat. Elles sont lancées par une rencontre à Castel Gandolfo le 29 août 2005, soit quatre mois à peine après l'élection du nouveau pape, entre ce dernier et le supérieur de la Fraternité Saint-Pie X, Mgr Fellay. Elles se terminent fin 2012 par un échec : Mgr Fellay refuse les ultimes conditions émises par Benoît XVI. Le 11 novembre, le supérieur intégriste l'évoque dans un sermon prononcé dans l'église Saint Nicolas du Chardonnet, à Paris : « *Les choses sont bloquées. C'est un retour à zéro. Nous sommes exactement au même point que Mgr Lefebvre dans les années 1975, 1974. Et donc, on continue notre combat. Nous n'abandonnons pas l'idée un jour de regagner l'Église, de reconquérir l'Église à la Tradition.* » Et dans ce style toujours subtil qui caractérise les lefebvristes, il démontre que son point de vue, à l'issue de tous ces échanges avec Rome, n'a pas bougé d'un millimètre : « *Aujourd'hui, on nous parle de continuité, mais où est-elle ? À Assise ? Dans le baiser du Coran ?* »...

La stratégie de Benoît XVI est un échec dans la forme, mais aussi au fond. Sur la question de l'unité de l'Église, sa politique a été celle du « deux poids-deux mesures ». Ce qui s'est révélé assez déconcertant pour de nombreux catholiques. En effet, tandis qu'il cherchait, d'une main, à réintégrer des intégristes, il n'hésitait pas, de l'autre, à sanctionner des représentants de courants opposés. En 2006, le théologien espagnol Jon Sobrino est interdit d'enseignement et de publication. En 2008, c'est au tour du théologien américain Roger Haight de connaître la même sanction. Les raisons portent sur des points de doctrine assez pointus. La décision de Rome est contestée par des théologiens. Mais ces deux éminents catholiques ont surtout pour point commun d'être jésuites. Et de défendre des positions d'ouverture. Jon Sobrino est l'une des grandes figures de la théologie de la Libération, proche des mouvements d'émancipation sud-américains d'inspiration guévariste ou marxiste. D'ailleurs, ces deux interdictions arrivent après une longue série qui débute à la fin des années 1970 avec « l'affaire » Hans

Küng. Et qui s'amplifie dans les années 1980, 1990 et 2000. Elle touche spécialement des jésuites et des théologiens de la Libération. Les plus célèbres d'entre eux sont le Brésilien Leonardo Boff (1985), l'Allemand Eugen Drewermann (1994) et le Sri Lankais Tissa Balasuryia (1997). Ces interdictions, validées alors par Jean-Paul II, sont dans les faits demandées et préparées par le préfet de la Congrégation pour la doctrine de la foi : fonction occupée pendant un quart de siècle, de 1981 à 2005, par un certain Joseph Ratzinger, futur Benoît XVI. Lorsqu'il s'agit de catholiques qui ne partagent pas tout à fait sa conception de l'Église, l'obsession de l'unité semble donc le démanger un peu moins... Ces théologiens étaient par ailleurs très appréciés dans leur pays, et même au-delà : Eugen Drewermann a vendu des millions d'exemplaires de ses livres. En les excluant, Joseph Ratzinger a sans doute beaucoup plus fragilisé l'Église catholique que lorsque, devenu pape, il a voulu réintégrer les lefebvristes. Son échec peut également être constaté au regard des concessions qu'il a faites à ces derniers. Benoît XVI a cédé à plusieurs reprises à certaines de leurs exigences en n'ayant jamais eu le moindre geste en retour. La congrégation schismatique a eu ainsi la joie de voir ses quatre évêques excommuniés être réintégrés. Sans contrepartie. Et les célébrations selon le rite Saint-Pie V à nouveau autorisées. Sans contrepartie (voir le chapitre sur la Fraternité Saint-Pie X dans la troisième partie). Dans l'hebdomadaire *La Vie*, Jean Mercier, journaliste spécialiste des religions, dresse le bilan de sept ans de discussions : « *En tacticien, Mgr Fellay tire un certain bénéfice de l'échec des négociations. Même en cas d'une négociation terminée aux mieux des intérêts de la Fraternité, il n'aurait pas été suivi par tous les prêtres et les fidèles de la mouvance. (…) Renouer avec un discours intransigeant permet à Mgr Fellay, après une période où il a été accusé par les ultras de son camp de trahir la cause de Mgr Lefebvre, de re-profiler son autorité sur une ligne idéologique dure, afin de regagner une légitimité fragilisée par des mois de négociation avec "l'ennemi", la Rome moderniste.* »

Merci François !

Le second cadeau offert aux catholiques identitaires est politique. C'est la loi Taubira sur le mariage pour tous. D'un point de vue tactique, cette loi a permis à François Hollande de marquer son ancrage à gauche et de donner ainsi des gages à une partie de son électorat et de sa majorité. Mais avec le recul, le bilan politique n'est pas forcément à l'avantage du Président de la République. Cette loi a sonné le réveil des catholiques. Et pas de la partie la plus progressiste... Réveil comme on en a rarement connu ces dernières décennies. Le dernier remonte à plus d'un quart de siècle, avec les mobilisations de 1984 pour l'école libre, contre le projet de loi Savary. Ceux qui ont sans doute le plus profité de ces mobilisations, ce sont les plus ultras. Alors même qu'ils ne représentent qu'une infime minorité des opposants. Et sont par ailleurs beaucoup moins nombreux que les catholiques favorables au mariage homosexuel, ou qui n'y sont pas opposés. Ces derniers, en revanche, ont été très peu représentés dans les médias et les débats publics. À l'image du journal *Témoignage chrétien*, qui a lancé le 14 décembre 2012 un appel à soutenir le projet de loi : « Mariage pour tous, un progrès humain ». De fait, la logique de l'information est de plus en plus spectaculaire et binaire. Elle incite à mettre en scène deux camps - d'un côté, les catholiques et l'opposition, et de l'autre, le gouvernement et les associations homosexuelles – sans trop s'aventurer vers des points de vue plus complexes et nuancés. C'est ce qu'ont très bien compris des activistes comme Alain Escada ou Béatrice Bourges. Ils sont devenus des experts dans l'art de forcer le trait et de marquer les clivages. Les discussions qui ont précédé l'adoption de la loi Taubira leur ont permis de déployer leur stratégie. Jamais, sans cette loi, les dizaines de sites, blogs et collectifs qui se sont créés en 2013 n'auraient vu le jour. Jamais on n'aurait assisté, pour la première fois dans l'histoire du pays, à un défilé du 14 juillet pendant lequel un Président de la République se fait siffler. Sur Internet et dans les cortèges d'opposants, les propos homophobes et racistes ont pullulé comme jamais. Le 25 octobre 2013, à Angers, des opposants au mariage pour tous font crier à leurs enfants « la guenon mange ta banane », au passage de Christiane Taubira. Un mois plus tard, le 13 novembre, l'hebdomadaire *Minute* - proche des courants catholiques du Front national regroupés autour de Bruno Gollnisch - publie une photo de la ministre en « une » avec ce titre : « *Maligne comme un singe, Taubira retrouve la banane* ».

Ce n'était évidemment pas le but recherché, mais les faits sont là : ce projet de loi a soulevé une opposition qui s'est renforcée et radicalisée au fil des mois. Le refus d'envisager toute négociation, tout aménagement, n'a fait que renforcer la colère. Dans la foulée, des tabous ont été levés et des vannes ouvertes. Le même genre de mécanique s'était déclenchée en 2002, après l'accession du Front national au second tour de l'élection présidentielle. De nombreux électeurs du parti d'extrême droite avaient alors fait leur « outing » de façon décomplexée. Légitimés par le succès électoral de leur candidat, ils n'ont plus hésité à dire à leur famille, leurs voisins, leurs collègues qu'ils votaient Le Pen. Dans un cas, il y a la légitimité des urnes, dans l'autre, celle de la rue. En 2012 et 2013, le succès des grandes mobilisations anti-mariage pour tous a incité les plus extrémistes à se lâcher. Et comme avec le FN, les condamnations officielles - religieuses ou politiques – n'y changent rien. Surtout quand les premiers à déraper sont des officiels eux-mêmes. Le 14 septembre 2012, Mgr Philippe Barbarin, cardinal de Lyon, déclare sur la radio RCF : « *Après, ça a des conséquences qui sont innombrables. Après, ils vont vouloir faire des couples à trois ou à quatre. Un jour peut-être, qui sait ?, l'interdiction de l'inceste tombera.* » François Lebel, maire UMP du 8ème arrondissement de Paris, écrit en octobre 2012 dans son journal municipal : « *Comment s'opposer demain à la polygamie en France, principe qui n'est tabou que dans la civilisation occidentale ? Pourquoi l'âge légal des mariés serait-il maintenu ? Et pourquoi interdire plus avant les mariages consanguins, la pédophilie, l'inceste qui sont encore monnaie courante dans le monde ?* » Le 10 avril 2013, la sénatrice UMP Colette Giudicelli s'emporte devant ses collègues, en séance publique : « *Cette transformation ouvrira la voie à d'autres revendications qui seront cette fois complètement fantaisistes mais qui existent déjà : mariage avec des objets, aux États-Unis une Américaine s'est mariée avec la Tour Eiffel, mariage avec soi-même, aux États-Unis toujours, mariage à trois comme au Brésil, mariage avec des animaux, comme en Australie...* »

« *Chahuter les ministres* »

Outre la visibilité inédite qu'elle a offerte aux catholiques ultras, la mobilisation anti-mariage pour tous marque une autre évolution. Elle les a amenés sur ce qui est devenu leur terrain privilégié : la politique. C'est un des grands tournants pris par les traditionalistes et les intégristes ces dernières années : une partie d'entre eux a délaissé les combats théologiques et ecclésiologiques pour suivre au plus près l'actualité parlementaire et partisane. L'organisation de Civitas est à ce titre exemplaire. Les seules encycliques qui sont analysées et décryptées sur leur site remontent à plus de cinquante ans ! Quant au mot « homélie »... le moteur de recherche du site ne le connaît pas. Alain Escada lui-même a reconnu à plusieurs reprises quelle était la nature de sa mission à la tête de Civitas : le lobbying auprès des élus. En novembre 2009, à l'occasion d'un entretien accordé au site *generationfa8.com*, et alors qu'il vient d'être nommé secrétaire général de l'association, il déclare : « *Il y a bien longtemps que je souhaite développer un authentique lobbying catholique, pénétré de foi profonde et de ferme volonté mais aussi de rigueur, de méthode et de tactique. À Bruxelles, tant auprès des institutions européennes que de sociétés commerciales ou de médias, j'ai déjà pu vérifier le réel potentiel d'une telle démarche.* » Avant de s'investir en France au sein de Civitas, Alain Escada a été président de l'association catholique d'extrême-droite Belgique et chrétienté. Et il a en effet réussi à la faire accréditer officiellement comme lobby auprès du Parlement européen. Il poursuit, dans ce même entretien : « *Il s'agit de démontrer avec beaucoup de pédagogie que les catholiques ont des devoirs qui ne se limitent pas à assister à la messe chaque dimanche. Ils doivent aussi prendre leurs responsabilités dans le domaine politique. Avec humilité, bien sûr. Mais aussi avec foi et espérance. La résignation de tant de catholiques traduit en fait leur manque de foi et leur peu d'espérance. Civitas veut contribuer à rendre confiance aux catholiques et à fortement augmenter la visibilité des catholiques dans la vie publique.* » Trois ans plus tard, en juin 2012, lors d'un conseil d'administration, il souligne de façon beaucoup plus explicite le tournant qu'il a fait prendre à l'association : « *Civitas n'est plus un institut de formation et d'action, mais un mouvement d'action politique catholique.* » Le 1er juin 2013, dans la rubrique Poing de vue du site *Nouvelles de France*, il écrit : « *Continuons sans faiblir à chahuter les ministres, à faire entendre partout la voix de la colère et de la résistance. Profitons de l'été pour participer à des sessions de formation. Maîtrisons les concepts. Identifions les adversaires en parvenant à distinguer les exécutants et les commanditaires. Décortiquons les différentes phases de leur plan. Mettons au point une stratégie de reconquête.* » Décortiquer, c'est le travail de Jean-Claude Philipot, le délégué national de Civitas et bras droit d'Alain Escada. Il publie environ tous les deux mois un « bulletin de veille législative ». De façon très méthodique, il y détaille et commente les projets et propositions de loi qui lui semblent importants, article par article. Il doit y passer ses jours et ses nuits... Même lorsque Civitas aborde un sujet éloigné des priorités gouvernementales du moment, il y a toujours un moyen de le raccrocher à l'actualité politique. Ainsi, quand Alain Escada est interrogé en 2013 sur son dernier ouvrage, qui porte sur la théorie du genre, il dénonce le ministre de l'Éducation nationale Vincent Peillon et la porte-parole du gouvernement Najat Vallaud-Belkacem. Ils ont, d'après lui, le projet de propager cette théorie dans la société française, ses écoles, etc. Et il va même jusqu'à pointer une menace de niveau mondial : « *Il faut être conscient que des organisations internationales comme l'ONU, l'UNESCO ou le parlement européen participent depuis des années à l'élaboration d'un plan méthodique pour imposer la "théorie du genre". Des stratèges et des tacticiens ont été mis au service de ce plan diabolique.* »[6] L'inflexion politique des catholiques ultras se retrouve de façon tout aussi éclatante au sein de l'institut Ichtus. Notamment depuis qu'il est présidé par Bruno de Saint Chamas, nommé à ce poste en 2010. Depuis 2012, il organise chaque automne un colloque intitulé : « Catholiques

6. Entretien au site *medias-press.info*, le 15 octobre 2013.

en action ». Parmi les thèmes abordés lors des deux éditions : « Agir via un parti politique pour le bien commun », « Agir sur les idées et sur les lois : "think tank" et influence », « Enjeux de l'engagement des catholiques dans la vie sociale et politique », etc. L'ambiguïté d'Ichtus – organisation à vocation religieuse ou politique ? – existe depuis sa création. Comme le rapporte le sociologue Massimo Introvigne dans un article très documenté (« Jean Ousset et la Cité catholique. Cinquante ans après *Pour qu'Il règne* »), Jean Ousset avait été accusé par certains théologiens, jésuites notamment, de détourner de leur usage les *Exercices spirituels* d'Ignace de Loyola, dont il avait fait une des bases de sa doctrine. Selon eux, explique Massimo Introvigne, il *« aurait mis les Exercices ignatiens au service d'une propagande politique de droite et monarchiste »*, au risque, pour les membres de la Cité catholique, *« de "fausser complètement l'équilibre spirituel" voulu par saint Ignace lorsqu'ils considèrent l'aspect social et politique comme plus important que l'aspect individuel et moral. Le livre des Exercices spirituels deviendrait ainsi "une sorte de manuel politique contre révolutionnaire", et l'on courrait le risque de fréquenter les Exercices en les "prenant d'ordinaire comme une "école de guerre" politique. »*

Objectif urnes

La mobilisation contre le mariage pour tous a donc fait entrer les catholiques ultras dans l'arène politique nationale. Mais leur priorité, à court terme, est ailleurs. À l'échelon local. Avec un objectif précis : les élections municipales. Et ceci, pour plusieurs raisons. D'une part, ils sont conscients que pour avoir une influence réelle dans les élections nationales, il faut passer par l'un des deux grands partis, le PS ou l'UMP. Or ils n'ont aucune prise sur le premier et sont si faiblement présents dans le second que cela revient au même. Leur seul espoir, ce serait le FN. Mais le tournant pris par Marine Le Pen depuis qu'elle en est présidente leur laisse beaucoup moins d'espace qu'avant (voir la quatrième partie). Alain Escada le reconnaît : « *constatons, en France, au cours de ces dernières années, qu'une stratégie électorale axée sur les "grandes" élections – présidentielle, législatives – est vouée à l'échec, en tout cas dans l'immédiat.* »[7] Et précise aussitôt : « *C'est à l'échelon local qu'il nous faut commencer à œuvrer. En nous organisant de façon à influencer la vie culturelle, associative et politique des municipalités. Voilà un objectif qui, sans être démesuré, offre de nombreuses perspectives intéressantes, notamment dans les petites communes.* » Cela ne l'empêche pas de faire le lien entre les deux niveaux, national et local, comme il le déclarait lors d'une réunion interne en juin 2012 : « *c'est à travers les campagnes sur les grands thèmes nationaux qu'on réveillera la conscience des catholiques en espérant ensuite les mobiliser pour les municipales.* » Pour préparer les élections de 2014, Civitas s'y est mis depuis plusieurs années. Le 5 février 2011, il organisait à Paris une journée de rencontre et débats intitulée : « En route pour 2014 : les catholiques dans l'action municipale ». Une centaine de personnes y ont participé, plutôt âgées pour la plupart. Au mur, une grande banderole était déployée : « Ni islamique, ni laïque, France Catholique ». Ce fut notamment l'occasion de présenter la création d'une structure spécialement dédiée à cet objectif au sein de l'association : « le réseau saint-Martin ». Pilotée par Dominique Chrissement, un officier à la retraite, ancien secrétaire général de l'association, elle a pour but de rassembler des élus municipaux adhérents ou sympathisants

7. Entretien au quotidien *Présent*, le 28 mars 2009.

de Civitas, et de former des futurs candidats. Pour les soutenir dans leur soif de conquêtes électorales, les membres de Civitas peuvent compter sur la Fraternité Saint-Pie X, dont ils sont très proches. Quelques jours avant le colloque du 5 février, le supérieur du district français, l'abbé Régis de Caqueray, leur adressait un long message d'encouragements : « *C'est de tout mon cœur que j'encourage le combat souvent ingrat que mènent les catholiques intégraux qui se battent en politique pour le triomphe du Christ Roi. Aujourd'hui, ils se préparent activement pour les élections municipales de 2014 et je les crois spécialement bien inspirés de réserver le meilleur de leurs forces pour ne pas manquer cette échéance.* » Ce texte contient par ailleurs un passage assez étrange, qui ressemblerait presque à un objectif chiffré fixé à Civitas : « *Nous souhaitons donc qu'il puisse résulter des élections de 2014 la conquête de quelques dizaines de petites mairies par des maires et des élus vraiment catholiques.* » Ce qui ne peut que confirmer l'impression, partagée par beaucoup mais niée par les intéressés, que Civitas est une pure création de la Fraternité Saint-Pie X. Son bras armé politique.

Pour être présent en force aux municipales, ces organisations déploient deux types de méthodes. D'une part, débaucher des élus. « *Notre expérience montre que des élus qui ne sont pas "traditionalistes" sont heureux de trouver auprès de nous quelqu'un pour les épauler sur le plan de l'action municipale* », explique Alain Escada[8]. D'autre part, former des futurs candidats. Cette façon est la plus sûre. Mais elle mobilise une énergie de tous les instants. « *Nous voulons (…) donner aux candidats des argumentaires mais aussi de la méthode, leur faire comprendre qu'ils ne sont pas seuls*, explique Alain Escada. *À ce lobbying pourront s'ajouter, au cas par cas, des candidatures issues de nos rangs.* » Chaque

8. Entretien au quotidien *Présent*, le 28 mars 2009.

nouvel adhérent de Civitas se voit proposer un questionnaire très détaillé dans lequel, entre le nom de sa paroisse et sa disponibilité pour le service d'ordre ou pour vendre la revue, on lui demande s'il a l'intention de se présenter aux municipales. Des sessions de formation sont régulièrement organisées. Avec notamment l'intervention d'élus locaux qui racontent leur expérience. Comme lors du Congrès de la France Catholique, organisé à Paris les 27 et 28 avril 2013. Le dimanche, après une messe à Saint Nicolas du Chardonnet, les participants ont pu écouter les témoignages de trois élus. Charles Berthollet, maire divers droite de Rouvray (Yonne), 391 habitants, est intervenu sur le thème : « exemple d'une petite commune ». Il raconta notamment : « *Avant chaque conseil municipal, je récite mon chapelet pour demander à la Sainte Vierge de venir présider* »[9]. Et donna, comme exemple de gestion municipale selon les préceptes de l'Évangile, la suppression des subventions municipales... à la cantine scolaire. Charles Perrot, conseiller régional FN en Rhône-Alpes, proche de Bruno Gollnisch, répondit à la question : « Pourquoi et comment un catholique peut et doit s'engager à l'échelon municipal ? ». Il a été tête de liste FN aux élections municipales de 2001 à Saint-Etienne. En 2014, il est deuxième sur la liste FN à Feurs (Loire). Enfin, Frédéric Abraham donna « l'exemple d'une commune moyenne ». Il est conseiller municipal sans étiquette de Bois-Guillaume-Bihorel (Seine-Maritime), 13 000 habitants. Et indiqua comme modèle de décision municipale le fait de « *supprimer la viande le vendredi* » dans les cantines, ou, en matière culturelle, de « *favoriser de bonnes manifestations* ». Dans l'entretien accordé à *Présent*, Alain Escada exposait très concrètement sa vision d'une politique communale : « *Veut-on préserver les églises et le*

9. *L'humanité*, le 30 avril 2013.

patrimoine, freiner la construction de mosquées surmontées de minarets, faciliter la vie de bonnes écoles, empêcher la tenue de mauvaises expositions ou de mauvais spectacles, se préserver de la vue de panneaux publicitaires immoraux, doter la police municipale de moyens destinés à assurer l'ordre public, favoriser le développement du commerce, de l'artisanat et des petites entreprises, organiser une vie culturelle axée vers le beau et élevant l'âme... veut-on tout cela ? C'est alors dans la vie locale qu'il faut nous investir. C'est en y reconstruisant un tissu naturel favorisant le bien commun que nous rétablirons les bases nécessaires à la restauration d'une France catholique. » L'institut Ichtus est, lui, beaucoup plus discret. Contrairement à Civitas, il n'aborde pas le sujet d'emblée avec ses nouveaux adhérents, et fait tout pour conserver une certaine confidentialité à ses sessions de formations. Ces dernières sont beaucoup plus pointues. D'ailleurs, elles sont payantes. Comme celle des 16 et 17 novembre 2013, à Paris, au siège de l'association. 60 euros les deux jours. La formation n'est pas directement faite par Ichtus, mais par un de ces groupuscules aux noms improbables, le RIEL : Relais Interactif des élus locaux. Cet instrument de lobbying politique a été créé en 2005 par une des administratrices d'Ichtus, Sophie Roubertie, indirectement rémunérée par l'État au titre de formatrice (voir la troisième partie). Parmi les thèmes abordés durant ces deux jours : « Le budget de la commune, concrétisation de la politique communale (opérations, programmation) », « Stratégie et outils de campagne », « Communication de campagne », « Influence : comment se faire connaître au cours de la campagne ? ». Bref, du sérieux. Secrétaire générale du RIEL, Sophie Roubertie a été candidate divers droite aux élections municipales de 2008 à Mareil-Marly (Yvelines), commune de 3500 habitants. Le président du RIEL, Daniel Lallemant, a été, lui, candidat de l'UMP aux élections cantonales de 2011 à Brouvelieures (Vosges), puis candidat du Parti Chrétien Démocrate (Christine Boutin) aux législatives de 2012 dans la première circonscription de Meurthe-et-Moselle. Il est tête de liste (divers droite) aux municipales de 2014, à Remiremont, ville de 7900 habitants.

Double discours

Au niveau municipal comme national, intégristes et traditionalistes ont tendance à privilégier quelques domaines d'intervention. Ils se résument, en gros, à deux grands axes : les questions de société (mœurs, éducation, sécurité) et la bioéthique (avortement, euthanasie, recherches sur l'embryon). Leur lecture de la doctrine sociale de l'Église, qu'ils invoquent comme le fondement de leur pensée, laisse de côté un grand nombre de sujets. Qu'il s'agisse d'économie, d'écologie, de pauvreté ou d'immigration. Sujets traités en revanche depuis fort longtemps au Vatican. Par Benoît XVI notamment, qui les a développés dans des encycliques très denses. Or jamais ces passages ne sont repris dans la prose des ultras. Peut-être est-ce leur contenu qui les dérange ? Si la radicalité de l'Église catholique en matière de morale sexuelle et de bioéthique peut aboutir à la classer à droite voire à l'extrême droite, en matière économique, sociale et écologique, elle la situe clairement à gauche, voire à l'extrême gauche. Avec constance, et déjà bien avant la crise des *subprimes,* Rome condamne les dérives du capitalisme financier et de l'argent roi. Paul VI, dans *Popularum Progressio* : « *Ce libéralisme sans frein conduit à la dictature à bon droit dénoncée par Pie XI comme génératrice de "l'impérialisme de l'argent". On ne saurait trop réprouver de tels abus, en rappelant encore une fois solennellement que l'écono-*

mie est au service de l'homme. » Jean-Paul II, dans *Centesimus Annus* : « *Malgré les changements importants survenus dans les sociétés les plus avancées, les déficiences humaines du capitalisme sont loin d'avoir disparu, et la conséquence en est que les choses matérielles l'emportent sur les hommes* », « *L'État a le devoir d'assurer la défense et la protection des biens collectifs que sont le milieu naturel et le milieu humain dont la sauvegarde ne peut être obtenue par les seuls mécanismes du marché.* », « *On retrouve ici une nouvelle limite du marché : il y a des besoins collectifs et qualitatifs qui ne peuvent être satisfaits par ses mécanismes ; il y a des nécessités humaines importantes qui échappent à sa logique ; il y a des biens qui, en raison de leur nature, ne peuvent ni ne doivent être vendus ou achetés.* » Encyclique après encyclique, les papes dénoncent le consumérisme effréné et en appellent à beaucoup plus de sobriété. Benoît XVI, dans *Caritas in Veritate* : « *en des moments comme ceux que nous vivons, où le pouvoir d'achat risque de s'affaiblir et où il faudra consommer de manière plus sobre, il est opportun d'ouvrir d'autres voies, comme par exemple des formes de coopération à l'achat, telles que les coopératives de consommation* », « *le développement économique s'avère factice et nuisible, s'il s'en remet aux "prodiges" de la finance pour soutenir une croissance artificielle liée à une consommation excessive* ». Ils se prononcent clairement pour l'accueil des personnes étrangères dans des conditions décentes quel que soit leur statut. Benoît XVI, *Message pour la Journée mondiale 2013 du migrant et du réfugié* : « *Certes, chaque État a le droit de réguler les flux migratoires et de mettre en œuvre des politiques dictées par les exigences générales du bien commun, mais toujours en garantissant le respect de la dignité de chaque personne humaine. Le droit de la personne à émigrer - comme le rappelle la Constitution conciliaire* Gaudium et spes *au n. 65 - est inscrit au nombre des droits humains fondamentaux, avec la faculté pour chacun de s'établir là où il l'estime le plus opportun pour une meilleure réalisation de ses capacités, de ses aspirations et de ses projets.* » Ils condamnent les atteintes à l'équilibre naturel et environnemental. Benoît XVI toujours, puisqu'il reste le pape préféré des ultras, dans *Caritas in Veritate* : « *Aujourd'hui, les questions liées à la protection et à la sauvegarde de l'environnement doivent prendre en juste considération les problématiques énergétiques. L'accaparement des ressources énergétiques non renouvelables par certains États, groupes de pouvoir ou entreprises, constitue, en effet, un grave obstacle au développement des pays pauvres.* », « *Il est souhaitable que la communauté internationale et chaque gouvernement sachent contrecarrer efficacement les modalités d'exploitation de l'environnement qui s'avèrent néfastes.* » Bref, ce sont de véritables appels à une révolution écologique et sociale qui transparaissent à travers ces nombreux textes.

On comprend donc qu'ils puissent gêner bon nombre de traditionalistes et d'intégristes. Ils révèlent leur parti-pris idéologique. La partialité de leur message. Son relativisme. Concept qu'ils dénoncent tant par ailleurs. Un observateur pointilleux du monde catholique l'a relevé à plusieurs reprises, avec d'autant plus d'acuité qu'il a beaucoup fréquenté ces milieux dans les années 1970-1980, avant de s'en éloigner assez nettement, notamment quand il décida de quitter la rédaction en chef du *Figaro Magazine*. Depuis, Patrice de Plunkett publie des essais et alimente un blog très suivi (*plunkett.hautetfort.com*). S'il ne s'est pas converti à la théologie de la Libération pour autant, il développe des thèses radicales sur l'écologie et l'économie. Voici ce qu'il écrivait la veille des manifestations organisées en janvier 2014 par plusieurs mouvements catholiques, que les plus extrémistes ont tenté de récupérer à leur profit : « *Parmi ceux qui ont lancé ce slogan de "convergence des luttes", le noyau dur est constitué d'exclus du FN qui rêvent de faire naître une sorte de FN-bis (sur une ligne catho d'emballage et libérale de contenu, pour contredire Mme Le Pen sur ces deux tableaux). Cette ambition est compréhensible de leur part, mais n'a rien à voir avec ce qui meut l'Église catholique. D'autre part, et cette fois du point de vue de manifestants de base : vouloir* "s'opposer à Hollande" *est louable mais mieux vaudrait le faire judicieusement, sans se tromper d'analyse économique et sociale... Et du point de vue des catholiques de base (dont font partie l'auteur de ce blog et nombre de ses intervenants) :* "s'opposer à Hollande" *ne saurait résumer l'engagement du paroissien français ! Celui-ci sait, ou devrait savoir, ce que l'Église attend de lui en tous domaines... Étudions* La joie de l'Évangile *: comme le soulignait samedi le cardinal archevêque de Paris, on n'y retrouve rien des énervements qui font les beaux jours des réseaux sociaux. Conclusion d'étape : l'idée d'une "convergence des luttes" est exacte en elle-même (et en théorie) ; mais elle suppose un fil conducteur entre ces luttes. Ce fil n'existe pas aujourd'hui. Ce qui est proposé à sa place – un ultralibéralisme déguisé en populisme – est une imposture et une manipulation, inacceptables pour les catholiques cohérents. »*

DEUXIÈME PARTIE

Civitas ose tout

Il leur a suffi de quelques mois, en 2011, pour forcer les portes du temple moderne : la télévision. Les militants de Civitas se sont alors fait connaître auprès de millions de Français. Un petit miracle pour ces représentants des courants catholiques ultras, jusque-là ignorés des grands médias. Leur président, Alain Escada, est devenu un habitué des plateaux de télévision et des studios de radio. Personne avant lui, dans cette mouvance, n'avait réussi un tel exploit. Exploit d'autant plus remarquable que ce groupuscule compte dans ses rangs beaucoup moins d'adhérents qu'il ne le prétend, comme nous le montrerons par la suite.

Tout commence un après-midi d'avril 2011, sous le soleil d'Avignon. Le choix de la ville n'est pas innocent. L'évêque de l'ancienne Cité des papes, Mgr Cattenoz, compte parmi les plus obtus de l'épiscopat. Et n'a pas pour habitude de mâcher ses mots. En 2007, il écrit une lettre ouverte aux candidats à la présidence de la République. Il y dénonce violemment ceux qui sont favorables au mariage homosexuel. Son texte commence en ces termes : « *Je suis consterné par vos programmes qui portent en eux les germes d'une culture de mort pour notre société.* » Au-delà de la ville, la région Provence Alpes-Côte d'Azur abrite de nombreux repères de catholiques identitaires. On y compte environ une vingtaine de lieux de culte traditionalistes. L'Opus Dei possède deux centres à Marseille et deux à Aix-en-Provence. L'abbaye du Barroux, située entre Carpentras et Vaison-la-Romaine (Vaucluse), a longtemps été un fief lefebvriste. Et l'évêque traditionaliste le plus activiste de France, Mgr Rey, n'est pas très loin, à Fréjus. Autant dire qu'Avignon est le terrain idéal pour qui veut lancer une opération commando en soutane et col romain : des renforts de troupe sont mobilisables dans un périmètre très accessible. C'est sans doute ce qu'a en tête Alain Escada, alors secrétaire général de Civitas, lorsqu'il décide d'organiser une action coup de poing. Elle est fixée la veille de la messe des Rameaux, samedi 16 avril 2011. Le contexte, les symboles... tout est réuni pour faire de cet événement une réussite. Reste le prétexte. Il est vite trouvé : dans l'Hôtel de Caumont, magnifique monument de la préfecture du Vaucluse, est présentée du 12 décembre 2010 au 8 mai 2011 une exposition intitulée « Je crois aux miracles ». Elle est organisée par le propriétaire des lieux, Yvon Lambert, l'un des plus importants galeristes et collectionneurs français d'art contemporain. Il a ouvert un musée dix ans auparavant dans cet hôtel particulier. L'une des pièces maîtresses de l'exposition est une œuvre créée en 1987 qui a révulsé des chrétiens dans les pays où elle a été présentée : *Piss Christ*. Des lobbies traditionalistes ont réussi à la faire interdire d'exposition en Australie et aux États-Unis. Il s'agit de la photographie d'un crucifix baignant dans de l'urine. Nul besoin d'ailleurs d'être intégriste, ni même chrétien, pour ne pas être fasciné par cette création... Utilisant une expression qui rappelle celle du FN quand il parle de « *l'État UMPS* », Civitas dénonce en avril 2011 « *une profanation UMP/PS/LVMH* ». L'exposition est en effet financée par la mairie UMP, le Conseil régional socialiste et le groupe de Bernard Arnault LVMH. Le 16 avril, Civitas organise une manifestation pour protester contre l'exposition, avec le soutien de mouvements et de sites Internet catholiques ultras (*Renouveau français, Le Salon beige, L'Observatoire de la christianophobie...*).

À la surprise générale, plusieurs centaines de personnes répondent à l'appel. C'est une première. L'effet de masse est d'autant plus impressionnant que les rues empruntées par le cortège sont très étroites. Tous les médias, locaux et nationaux, relaient l'événement : presse écrite, radios, télés. Civitas a réussi son happening. Le coup de grâce est porté le lendemain matin. Un petit groupe pénètre dans l'Hôtel de Caumont et vandalise l'œuvre, exposée sous verre, à coups de marteaux. Caméras et appareils photos reviennent sur place. L'affaire *Piss Christ* devient un scandale national. Artistes et politiques dénoncent l'acte, à commencer par le ministre de la Culture Frédéric Mitterrand. La réprobation est unanime. La police arrête les coupables : ce sont quatre jeunes membres du groupuscule catholique d'extrême-droite Renouveau français. Après plusieurs reports du procès pour vices de forme, l'enquête repart de zéro fin 2012. Elle est toujours en cours... Dans les jours qui suivent la dégradation, Alain Escada publie un communiqué qui cautionne le geste à demi-mot. S'il condamne toute action violente, il souligne aussitôt : « *Ce fait divers reflète une exaspération compréhensible. Voilà où mènent l'inertie des autorités et le refus de dialoguer de la direction de la collection Lambert.* » Il rappelle en passant que la pétition qu'il a lancée pour retirer la photo de l'exposition a rassemblé en quelques jours plusieurs dizaines de milliers de signatures.

Opérations commandos

L'objectif est atteint. Alain Escada a réussi à percer le mur de l'indifférence dont se plaignent si souvent les catholiques. Civitas existe dans les médias, donc Civitas existe. Reste à tenir le rythme pour ne pas retomber dans l'oubli. Alain Escada met en route l'opération suivante. Les adhérents et sympathisants de son mouvement sont invités à participer à une session d'été de deux jours, du vendredi 29 juillet au dimanche 31 juillet 2011. Elle se déroule dans le village de Niherne (Indre), à 12 km de Châteauroux. L'endroit est un établissement scolaire de cent cinquante élèves qui appartient à la Fraternité Saint-Pie X, l'école Saint-Michel. Le programme des deux jours est centré sur la préparation d'une action de grande ampleur pensée par Alain Escada. Elle vise une pièce de théâtre programmée au Théâtre du Rond-Point, à Paris, début décembre 2011 : *Golgota Picnic,* de Rodrigo Garcia. Avec, toujours au cœur de la protestation, la question du blasphème. Sur scène, le Christ est assimilé à un terroriste, et appelé « *el puto diablo* ». La parabole de la multiplication des pains est illustrée par des hamburgers répandus sur le sol. Le 17 juillet 2011, Alain Escada écrit à ses adhérents un long texte intitulé « *Golgota Picnic,* le spectacle blasphématoire contre lequel il nous faut nous mobiliser ». Un véritable appel au combat, dans lequel il incite chacun à participer aux entraînements de Niherne : « *Civitas a choisi de consacrer, du 29 au 31 juillet prochains, sa session d'été à la christianophobie et à la façon d'y répondre. Ce sera l'occasion d'établir minutieusement notre plan d'action selon un calendrier qui nécessitera le maintien d'une réelle mobilisation durant vraisemblablement plusieurs mois. Ce n'est donc pas une mince affaire. Cela va demander un investissement sans précédent de chacun de nous pour défendre l'honneur du Christ.* » La cible est à nouveau très bien choisie par Civitas : après avoir fait un test dans une grande ville de province, Avignon, c'est à Paris qu'il va frapper. En visant un théâtre situé au bas de l'avenue la plus célèbre du monde, les Champs-Élysées. Théâtre dirigé, qui plus est, par un metteur en scène connu pour ses prises de position laïques et ses engagements clairement marqués à gauche : Jean-Michel Ribes. Il symbolise à lui seul tout ce que les intégristes honnissent au plus haut point : la République, la gauche, la culture subventionnée, la création contemporaine, un certain élitisme parisien. En pleine nature, loin des regards et sous la protection bienveillante des religieux de la Fraternité Saint-Pie X, Alain Escada et ses troupes préparent leur futur coup d'éclat. On rôde quelques formules qui font mouche : « *C'est du Christ qu'il s'agit. Celui qui est Notre Père. Qui laisserait sans réagir son père se faire insulter, humilier ?* » Pour les galvaniser un peu plus encore, Alain Escada précise à certains de ses militants rasés de près que la pièce est présentée dans le cadre du Festival d'automne, un événement parrainé par « *de généreux mécènes tels que la Fondation Pierre Bergé-Yves Saint Laurent, la société anonyme Baron Philippe de Rothschild...* » Rien n'est dit, mais tout est dit. Bergé, Rothschild... Un homo, un juif...

En fin stratège, il tâte le terrain avec un coup d'essai. Préparé, celui-ci, dans la plus grande discrétion. Seul un communiqué de Civitas fait état, mi-juillet, d'une pièce de théâtre jouée à Avignon qui serait « *un nouvel exemple de l'ignoble christianophobie* ». Il s'agit de *Sur le concept du visage du fils de Dieu*, de Romeo Castellucci. Voici ce qu'écrit Alain Escada dans son très bref message : « *Qu'un "opéra-théâtre" encourage des enfants à caillasser une photo géante du visage du Christ est un pas supplémentaire dans l'antichristianisme qui ne peut laisser aucun de nous indifférent. Oui, il est temps d'exprimer une sainte colère. À l'issue de sa session d'été, Civitas n'aura de répit de mettre en place la vaste campagne qu'il faudra mener à travers toute la France. Que chacun réponde présent pour faire respecter Notre-Seigneur Jésus-Christ.* » Il se trouve justement que la pièce de Romeo Castellucci est programmée à la rentrée, du 20 au 30 octobre, dans une prestigieuse salle parisienne, le Théâtre de la Ville. Située en plein cœur de la capitale, place du Châtelet, elle est subventionnée, elle aussi. Par la mairie socialiste et l'État UMP : le fameux « *UMPS* ». Un parfait entraînement grandeur nature avant la grande mobilisation des Champs-Élysées. Cette fois, Alain Escada veut profiter de l'effet de surprise. Dès le premier soir, on découvre, en écoutant la radio et en regardant la télévision, qu'une manifestation d'environ trois cents jeunes catholiques a lieu place du Châtelet, avec des banderoles « *Christianophobie, ça suffit* ». Très vite, la tension monte d'un cran. Des manifestants grimpent sur le toit du théâtre et aspergent d'huile de vidange les spectateurs qui y entrent, tandis que d'autres leur lancent des œufs. Une banderole est déployée sur scène par huit jeunes protestataires, en plein spectacle. Refusant de quitter le lieu, ils s'agenouillent, sortent leur chapelet et entonnent des chants religieux. Le public, debout, répond en criant « *dehors !* », « *à poil !* », « *liberté d'expression !* ». Le commando intégriste réussit l'exploit de faire applaudir par une salle entière l'intervention des forces de police sur la scène d'un théâtre ! Alain Escada, en déniant toute responsabilité, se réjouit que de jeunes catholiques se soient manifestés de leur propre initiative : « *Soulignons d'abord le caractère spontané des actions menées soir après soir par des jeunes filles et des jeunes garçons venus de différents horizons, certains revendiquant ouvertement leur adhésion à l'un ou l'autre mouvement catholique, d'autres intervenant à titre personnel, simplement révoltés par le contenu de ce spectacle.* » Or on apprend, après coup, que la plupart des manifestants appartiennent à Civitas et au Renouveau français. Les deux mêmes groupes qui étaient à la manœuvre à Avignon. Par ailleurs, Alain Escada avait lancé le 6 octobre une pétition pour interdire les « *spectacles blasphématoires* », en citant explicitement celui de Romeo Castellucci : « *Une pièce de théâtre demande à des enfants de caillasser le visage du Christ à coups de grenades.* » Il avait aussi participé à la création d'un site Internet spécialement dédié à ces actions : *defendonsle-christ.org*. Les jours suivant la première représentation, d'autres interruptions ont lieu à coups de jets de boules puantes, de sifflets et de slogans tels que « *cathophobie, ça suffit !* » ou « *à bas la République !* ». Trente-deux de ces activistes sont arrêtés. Puis condamnés, le 21 juin 2013, à des amendes allant de 200 à 2000 euros, pour « *entrave à la liberté d'expression* ». Plusieurs déclarent fréquenter l'église intégriste de Saint Nicolas du Chardonnet, dans le 5ème arrondissement de Paris. L'un d'eux avait été condamné en 2008 comme supporter du PSG, à l'occasion d'un match contre l'équipe de Lens (Pas-de-Calais). Il faisait partie du groupe qui avait brandi la fameuse banderole adressée aux supporters nordistes : « *Pédophiles, chômeurs, consanguins : bienvenue chez les Ch'tis* »...

Dès les premières manifestations, Alain Escada souligne avec insistance le caractère pacifique et spontané des participants, plus précisément de ceux qui sont intervenus sur la scène du théâtre : « *Où est donc la violence dans cette action ? Ces jeunes gens n'ont opposé aucune résistance à la police lorsque celle-ci est intervenue. Ces jeunes gens n'ont pas non plus insulté qui que ce soit.* » Les agresseurs deviennent victimes. D'ailleurs, tant qu'on y est, autant filer la métaphore jusqu'au bout, sans redouter les comparaisons hâtives : « *Ce qui est par contre de la violence, à l'heure ou tant de chrétiens meurent à travers le monde par fidélité à leur Foi, c'est, sous le couvert de l'art, de demander à des enfants de monter sur scène et de caillasser le portrait du Christ avec des grenades.* » Si Alain Escada insiste tellement sur le point de la non-violence, c'est parce qu'il a été très travaillé auparavant, et certainement durant les sessions d'été dans l'Indre. La façon dont les huit jeunes résistent sur scène en se serrant les uns contre les autres et en évitant tout geste violent, alors qu'ils sont rudement empoignés et pris à partie, n'a rien de naturel ni de spontané. Cette attitude est typiquement celle qui est enseignée par les mouvements d'action non violente, dont les écologistes sont les plus coutumiers, à l'image de Greenpeace. Elle nécessite une préparation de plusieurs jours au moins pour répéter les gestes, qui doivent être très précis, et s'entraîner mentalement à ne pas craquer. Au total, l'opération est réussie : quelques dizaines de catholiques ultras font la Une des médias écrits et audiovisuels pendant plusieurs jours. Et un nom revient en permanence : Civitas. Les troupes sont prêtes pour la grande opération des Champs-Élysées. Celle-ci commence en fait un peu plus au sud, à Toulouse. C'est là qu'ont lieu les premières représentations de *Golgota Picnic*, du 16 au 19 novembre. Alain Escada incite ses militants à s'y rendre en masse pour lancer les premières salves. Comme souvent pour ce genre de rassemblement, des cars sont organisés, avec une participation financière. Mais commander un car et un chauffeur, cela ne s'improvise pas. Il faut mieux pouvoir compter sur des personnes qui ont l'expérience des organisations de masse. Des militants de partis politiques par exemple. Pour faire venir un car des principales villes du Périgord (Périgueux, Bergerac, Brantôme), Civitas peut compter sur son relais local, l'association Amitiés Périgourdines pour la France. Dont la responsable se nomme Emmanuelle Pujol. Cette jeune infirmière est membre du comité central du Front national. Un an plus tôt, elle s'était distinguée lors de la campagne interne entre Marine Le Pen et Bruno Gollnish pour la présidence du parti. Elle avait signé un texte en faveur de ce dernier, dont le titre était plus que douteux : « Son honneur s'appelle fidélité ». Cette formule est une devise des Waffen-SS, inspirée d'une expression d'Adolf Hitler : « *Mon honneur s'appelle fidélité* ». Dans cette tribune – dont elle a fini par changer le titre en un plus sobre « Honneur et fidélité », après que celui-ci a fait le tour du web – elle évoquait son champion dans un lyrisme assez débridé : « *Bruno Gollnisch est au combat politique ce qu'est la Légion Étrangère dans la bataille (…) sa voix d'airain sonne la charge du Vrai, du Bien, du Beau (…) Avec vous, Amiral, jusqu'au bout du monde, pour le Service et la plus grande gloire du Front national et de notre Patrie !* »

Censurer au nom de la dignité ?

À Paris, chaque soir de représentation, du 8 au 17 décembre, des centaines de personnes défilent aux abords du Théâtre du Rond-Point. C'est inédit. Le lieu est cerné par une trentaine de fourgons de CRS et protégé par une succession de barrières métalliques. La circulation est coupée avenue Franklin-Roosevelt. C'est l'état de siège. Dans la troupe des catholiques offensés se trouvent des religieux en soutane et col romain, parmi lesquels des figures bien connues du petit monde intégriste. À commencer par le curé de l'église Saint Nicolas du Chardonnet, l'abbé Beauvais. Membre de la Fraternité Saint-Pie X, il est par ailleurs l'aumônier attitré de Civitas. C'est l'une des preuves les plus visibles des liens très étroits entre l'institut laïc, qui se présente comme traditionaliste, et l'organisation religieuse intégriste schismatique. L'abbé Beauvais s'est fait connaître lors d'une manifestation anti-mariage pour tous, le 20 octobre 2013, à Paris, en criant au micro : « *Y'a bon banania ! Y'a pas bon Taubira !* ». Pour s'opposer à la pièce de Rodrigo Garcia, certains manifestants n'hésitent pas à utiliser la manière forte. Dans la nuit du samedi au dimanche précédant la première représentation parisienne, deux hommes - qui ont reconnu être proches des milieux intégristes - sont surpris en train de saboter l'alarme du théâtre. Le directeur, Jean-Michel Ribes, reçoit des lettres de menace de mort, et des cutters sont trouvés dans le théâtre avec le mot « Christ » écrit dessus. Lors d'un déplacement à Nancy, il est agressé par de jeunes catholiques extrémistes qui lui jettent des excréments à la figure. Pendant dix jours, l'événement fait la Une des médias. Chacun se sent obligé de prendre position. Il y avait très longtemps qu'en France, la question de l'interdiction d'une pièce de théâtre n'avait pas été posée. Il faut sans doute remonter à la création des *Paravents* de Genet, en 1966, qui avait soulevé la colère de partisans de l'Algérie française. Le mouvement Occident, proche de l'extrême-droite, avait organisé des manifestations violentes, et la pièce avait été l'objet de débats à l'Assemblée nationale. En posant la question de la légitimité de censurer une pièce au nom de convictions religieuses, Civitas réussit un coup de maître. Il oblige les principaux responsables religieux et politiques à se positionner sur son initiative. C'est lui qui fixe le calendrier et les termes du débat. Mgr Vingt-Trois, l'archevêque de Paris et président de la Conférence des évêques de France, est poussé à se prononcer. Comme souvent, il manie un double langage obscur et déroutant. D'une part, il légitime l'usage de la dérision : « *cela fait des siècles qu'elle alimente l'art (...) Ceux qui parlent de christianophobie utilisent un vocabulaire inadapté* »[1]. Il va même jusqu'à accepter l'offense : « *notre objectif n'est pas de transformer les pays en églises, mais de vivre en chrétiens dans des pays qui ne sont pas nécessairement chrétiens,* déclare-t-il à radio Notre-Dame. *Il faut que nous acceptions que cette différence puisse aller jusqu'à l'injure et que nous acceptions de supporter avec le Christ l'incompréhen-*

1. Entretien donné au *Parisien*, le 8 décembre 2011.

sion, l'hostilité et la violence des autres. Sinon, nous entrons dans une guerre culturelle qui n'est pas vraiment dans le sens de l'Évangile. » D'autre part, il organise, le soir de la première, une veillée de prière à Notre-Dame de Paris « *pour protester contre une pièce qui insulte la personne du Christ en croix* ». Spectacle que par ailleurs il n'a pas vu. Ce faisant, il légitime l'initiative de Civitas. Jamais auparavant l'archevêque de Paris n'avait organisé de veillée de prière pour dénoncer les propos blasphématoires d'une création artistique. Alors qu'il aurait pu en trouver à la pelle... Sur Radio Notre-Dame, il invite les chrétiens à écrire à leurs élus pour dénoncer le financement public de tels spectacles, « *convaincu que leurs lettres auront beaucoup plus d'influence que quoi qu'[il] puisse dire* ». D'un côté il affirme : « *on peut exprimer sa blessure, mais cela ne peut pas devenir un argument de combat organisé* ». De l'autre, il fait exactement le contraire, en incitant les catholiques à exercer une pression politique. L'épiscopat est divisé sur le sujet.

Par son attitude, l'archevêque de Paris est à mi-chemin entre les évêques qui soutiennent les traditionalistes et ceux qui les dénoncent. Mais les premiers semblent plus nombreux, ou à tout le moins sont plus bruyants et explicites. Les évêques de Bayonne, de Vannes, de Belley-Ars, de Tours, de Versailles, de Metz ont écrit à Civitas pour encourager l'institut (ce que plusieurs d'entre eux ont nié par la suite, après la publication d'extraits de leurs courriers ; sans doute étaient-ils gênés de l'affichage d'un tel soutien et n'avaient-ils pas donné l'autorisation de le rendre public). L'évêque de Metz souligne par exemple dans sa lettre : « *il faut que vous sachiez qu'aux yeux des maîtres des médias, les protestations des fidèles laïcs comptent plus que celles des évêques* ». En septembre, le porte-parole de l'épiscopat, Mgr Podvin, tient sur *Radio Notre-Dame* des propos particulièrement rudes, usant de formules ambiguës : « *La liberté d'expression est à respecter comme sacrée ? Qu'elle respecte donc aussi ce qui est sacré ! Aucun euro public ne doit subventionner le cultuel ? Qu'aucun euro public ne finance davantage une production qui dénigre un culte ! Ce n'est pas parce que le christianisme fut sociologiquement majoritaire qu'il doit être le fusible d'hystéries culturelles.* » Il appelle lui aussi les chrétiens à faire pression sur les politiques : « *De nombreux citoyens non chrétiens partagent notre colère. Si vous êtes de cet avis, ne demeurez pas impassibles. Interpellez vos élus. Dites-leur que l'inacceptable est indigne d'une démocratie.* » Parmi les opposants aux traditionalistes et les défenseurs de la liberté de création, on relève la déclaration de l'évêque de Toulouse, Mgr Le Gall. Il prend la parole au moment des premières représentations de *Golgota Picnic* dans sa ville, en novembre : « *La prière ne peut en aucun cas être utilisée par des chrétiens comme instrument de pression. Nous comprenons le désarroi causé chez des chrétiens de bonne volonté par ce spectacle et nous le partageons. Mais les groupes qui utilisent quelque forme de violence que ce soit en se réclamant du christianisme nous blessent également et défigurent l'Église.* » Le message est clair. Les politiques aussi se prononcent, et plusieurs prennent fait et cause pour les catholiques protestataires. À commencer bien sûr par Christine Boutin, mais aussi Pierre Lellouche, alors secrétaire d'État du gouvernement Fillon et conseiller de Paris. Il juge « *choquant* » que la Mairie de Paris subventionne un tel spectacle. Le sénateur et conseiller municipal de Paris Yves Pozzo di Borgo (Nouveau Centre) demande, lui, la baisse des subventions du Théâtre du Rond-Point. C'est aussi lors de ces manifestations que le grand public découvre le visage et la voix de celle qui deviendra une des figures médiatiques du mouvement anti-mariage pour tous : Frigide Barjot.

Moins de cinq cents adhérents

On peut tirer un enseignement clair de ces actions menées par Civitas : il n'est pas nécessaire d'être une organisation puissante pour s'imposer dans les médias et pour peser dans le débat public. De fait, il s'agit d'un groupuscule dont les adhérents sont beaucoup moins nombreux que son président Alain Escada ne l'affirme. De façon constante, en 2011, 2012, 2013, quand on lui demande le nombre de membres, il répond « *un millier* » ou « *1200* ». Ils sont en réalité près de trois fois moins. D'après nos sources, il y avait, en octobre 2012, 453 membres à jour de cotisation. Or le coût de l'adhésion annuelle n'est guère dissuasif : 10 euros (30 euros pour une adhésion militante). L'abonnement d'un an à la revue trimestrielle *Civitas* n'est guère élevé non plus : 25 euros. Elle comptait, en octobre 2012, 417 abonnés. Un chiffre quasiment équivalent à celui des adhérents, ce qui semble indiquer que ce sont ces derniers qui s'y abonnent, autrement dit qu'elle n'a guère de rayonnement hors des sphères militantes. Tout cela représente un budget annuel très léger... Or l'organisation de manifestations, devenue une de leurs spécialités, peut s'avérer très coûteuse. Pour compléter ses rentrées d'argent, Civitas a mis en place un système de denier, calqué sur le modèle du denier de l'Église. En 2012, il lui a rapporté environ 15 000 euros. À titre de comparaison, ce même système a été instauré par la Fraternité Sacerdotale Saint-Pie X, or en 2011, il lui a rapporté... 1,31 million d'euros (voir la troisième partie). De fait, l'organisation quotidienne de l'institut connaît des difficultés. Avec une seule permanente salariée, l'essentiel de l'activité repose sur le bénévolat. Ce qui tombe assez bien puisque la plupart des adhérents sont des retraités. C'est l'une des faiblesses du mouvement : il n'y a quasiment pas de cadres qui soient des actifs quadragénaires ou quinquagénaires. Alors que c'est dans cette tranche de population que toutes les organisations recrutent leurs forces vives. Un membre de la Fraternité Saint-Pie X, l'abbé Vincent Bétin, qui connaît bien Civitas pour avoir accueilli plusieurs années de suite ses sessions d'été dans l'école Saint Michel qu'il dirige, dans l'Indre (voir plus haut), déclarait en 2013 dans *Le Monde* : « *Il y a trois ans, Civitas ne représentait rien d'autre qu'une association de personnes d'un certain âge qui faisaient de la théologie dans leur coin et organisaient des conférences sur Saint Thomas d'Aquin.* »[2] Alain Escada lui-même le reconnaît : « *Ce que nous constatons, c'est que les plus militants sont à la fois les étudiants et, plus tardivement, les personnes qui passent à l'âge de la retraite et qu'entre les deux, en pleine activité professionnelle, il est difficile malheureusement d'obtenir du plus grand nombre un engagement constant, rigoureux, dans la durée.* »[3] Et d'embrayer aussitôt sur une de ses références préférées : « *Pourtant faut-il rappeler l'appel de Mgr Lefebvre aux pères de famille ? C'est une erreur fondamentale des pères de famille que de se permettre de penser qu'ils peuvent laisser l'exercice politique aux autres.* »

Autre point faible de l'organisation : Internet. La plupart des mouvements proches de Civitas, qu'ils soient d'extrême droite ou catholiques ultras, ont été des pionniers du web et y déploient une présence et une maîtrise impressionnantes. L'institut d'Alain Escada en est resté, lui, au niveau du bricolage. Il dispose d'un site, *www.civitas-institut.com*, et d'un blog, *francejeunessecivitas.hautetfort.com*. Pas de page Facebook, ni de compte Twitter. Le site sert surtout à archiver de la documentation. Le blog, alimenté de façon très aléatoire, diffuse essen-

2. « Polémique à Châteauroux, où les catholiques intégristes remplacent les militaires », *Le Monde*, 19 février 2013.

3. Entretien vidéo avec Franck Abed, *Youtube*, 8 septembre 2011.

tiellement des reprises d'entretiens accordés par Alain Escada ou des appels à participer à des conférences et des manifestations. Aucun commentaire d'internaute ne vient réagir aux textes du blog. C'est donc qu'ils ne doivent pas être très nombreux... Il faut dire que son animation est faite de façon bénévole par un étudiant en droit qui n'y consacre que quelques heures par mois. Ce qui freine l'alimentation du blog, c'est aussi l'inertie des différents « cercles » de l'institut. Le cercle, c'est la structure de base de Civitas. Là où se rassemblent les adhérents d'une même ville, avec pour objectifs d'organiser des actions et de se former. Pour l'intégrer, le nouvel adhérent doit faire un compte rendu de lecture d'un livre de son choix. Or le nombre de cercles est plutôt à la baisse. Il y en avait plus d'une quinzaine en 2010 ; ils n'étaient que neuf en 2012 : deux à Nancy, deux à Lille, un à Paris, Nice, Tours, Marseille, Courbevoie. Et encore moins de cercles « jeunesse ». Celui de Paris ne comptait que neuf membres en 2012. La question a été explicitement posée lors d'un récent conseil d'administration : « *Comment trouver une alternative à la mise en place des cercles, qui est en panne ?* »

Pour compenser la faiblesse du nombre, Civitas peut compter sur un atout : son organisation militaire. Et ce n'est pas qu'une image. Les uniformes sont légion dans l'institut. Les officiers sont surreprésentés au conseil d'administration. Pour les citer, il faut commencer par celui qui a créé l'association, en 1999 : l'amiral François de Penfentenyo[4]. Le titre de son

4. L'amiral François de Penfentenyo (de son vrai nom François de Penfentenyo de Kervereguen) fait partie d'une famille très influente dans les milieux traditionalistes et intégristes. Son frère, Michel, a été l'un des dirigeants de l'institut néo-pétainiste Ichtus (voir la troisième partie) où il a créé en 1969 un influent réseau d'élus locaux ruraux, le Sicler. Leur belle-sœur, Marie-Christine de Penfentenyo, a été conseillère régionale du Front national en Rhône-Alpes, et membre du Comité central du parti d'extrême-droite.

éditorial, dans le premier numéro de la revue *Civitas,* en juin 2001, donne l'impression d'entrer dans un régiment plutôt que dans une association : « Debout, et chacun à son poste ». L'amiral a quitté ses fonctions en mai 2012, quand Alain Escada lui a succédé. Il en est, depuis, le président d'honneur. C'est lui qui signe la lettre de bienvenue aux nouveaux adhérents. Ce document permet de se familiariser avec le ton singulier de Civitas, à la fois martial et bigot : « *Confiant l'avenir au Cœur Immaculé de Marie et continuant à prier Saint Louis, Roi de France et Sainte Jeanne d'Arc de nous donner le courage de poursuivre le combat, croyez, Madame, Monsieur, en l'expression de notre profonde gratitude.* » Sous sa présidence, l'amiral s'est adjoint pendant dix ans les services d'un secrétaire général, Dominique Chrissement. Général à la retraite, il a été chef d'état-major de la zone de défense d'Île-de-France. Toujours membre du conseil d'administration, il s'occupe de la revue de l'association. Jean-Claude Philipot (à ne pas confondre avec Florian Philippot, du Front national), délégué national et bras droit d'Alain Escada, est commissaire-colonel de l'armée de Terre à la retraite. Il a été sous-directeur chargé de la logistique à la direction du Service national, au ministère de la Défense. Lui aussi membre du conseil d'administration, Xavier Pierson est colonel à la retraite. Et maire adjoint de la commune des Eparges (Meuse). Les autres administrateurs sont des civils : deux étudiants, un agriculteur, un cadre supérieur du Crédit du Nord et un autre d'Areva.

L'art du camouflage

Cette présence militaire est significative à double titre. D'une part, elle témoigne que les liens anciens entre les courants anti-républicains de l'armée et de l'Église catholique ont toujours de beaux restes. D'autre part, elle explique un certain type de fonctionnement, planifié et millimétré. Alain Escada, bien que non militaire, en a fait la démonstration, comme secrétaire général puis comme président. Cette organisation pointue se reconnaît à deux niveaux. Le premier est celui des actions. Elles sont menées au service d'une stratégie précise, définie lors des assemblées générales et des conseils d'administration qui s'apparentent parfois à des conseils de guerre. En 2012, par exemple, avant les grandes manifestations anti-mariage pour tous, Civitas avait précisément établi son plan de bataille pour les mois à venir. Avec des thèmes à mettre en avant : l'opposition au mariage homosexuel, la christianophobie, la critique de la laïcité, la lutte contre *« l'islamisation de la France »*. Et des thèmes à laisser à d'autres mouvements : l'opposition à l'euthanasie (sur laquelle des associations sont très présentes, à l'exemple d'Alliance Vita) et au droit de vote des étrangers (terrain déjà occupé par le FN). Pour les manifestations contre la loi Taubira, les consignes du président sont très précises. D'une part, ne pas séparer les thèmes du mariage homosexuel et de l'adoption. D'autre part, organiser la communication dans deux directions : l'une, à l'attention des catholiques, en reprenant les arguments de l'Église, l'autre, à l'attention du grand public, en développant le concept de loi naturelle. Tout est calculé, pesé, rien n'est laissé au hasard. On retrouve le même sens du détail dans la façon dont il a cherché à développer des antennes de Civitas en France. Conscients que le nom de l'association véhicule une image sulfureuse qui peut rebuter médias et futurs adhérents, Alain Escada et son état-major ont mis en place une technique de camouflage, simple mais efficace. Aux adhérents qui souhaitent créer un relais local, ils conseillent de créer une association spécifique. Et de l'habiller sous un autre nom, *« un peu passe partout »*, avec *« un objet assez large »*. À l'exemple de celle créée par Jean-Claude Philipot, dans la région de Reims : l'AMCS, ou Association Marnaise Christianisme et Société. Cette association couleur locale leur permet de créer des liens auprès des élus et des médias du cru. Plusieurs antennes ont ainsi été créées avec des noms-paravents : Famille solidarité Versailles, présidée par Pierre-Etienne Valadier, membre du conseil d'administration de Civitas ; Association de catholiques du Val-d'Oise, présidée par Philippe Fabre, membre actif et conférencier de Civitas ; Collectif des étudiants angevins contre le mariage homosexuel, animé par Louis-Marie Resseguier, responsable du cercle France Jeunesse Civitas d'Angers ; Amitiés Périgourdines pour la France, l'association d'Emmanuelle Pujol, relais de Civitas dans le Sud-Ouest.

Militaire aussi, le ton d'Alain Escada avec ses militants. Il ressemble beaucoup plus à celui d'un adjudant-chef secouant ses troupes qu'à celui d'un pasteur motivant ses ouailles. Il s'en dégage un climat de mobilisation permanente. Le président ne prend aucun ménagement. Voici quelques-unes des formules qu'il peut utiliser, la veille de manifestations par exemple : *« Que l'on soit général ou caporal, étudiant ou retraité, célibataire ou père de famille, tout le monde peut trouver du temps pour distribuer des tracts. Pas seulement aux fidèles de nos chapelles. Mais dans la rue ! »*, *« Même une personne isolée et en mauvaise santé peut au moins tracter son quartier ! »*, *« N'importe qui est capable de coller des autocollants. À Paris, j'ai vu des vieilles dames réclamer des autocollants. J'espère que chaque cadre national ou local de Civitas est au moins aussi militant que le sont ces vieilles dames. »*, *« Retroussez vos manches ! »*, etc. Pour recruter, il faut en revanche savoir s'éloigner du registre militaire et en revenir aux bonnes vieilles méthodes commerciales. Civitas a plus particulièrement opté pour l'une d'elles, populaire en Belgique mais un peu moins en France : la réunion « tupperware ». Des indications précises sont données aux adhérents, notamment la veille de manifestations contre le mariage pour tous : « *invitez dans votre salon des amis et des membres de votre famille pour une soirée débat sur ce sujet. Démontrez au cours de cette soirée la gravité des enjeux, soulignez l'importance de la manifestation. Obtenez des présents qu'ils signent la pétition Civitas, qu'ils distribuent à leur tour quelques tracts, qu'ils organisent eux-aussi une petite réunion chez eux et vous convient à y prendre la parole* ».

Le Front national en force

Le président de Civitas est en revanche beaucoup moins franc quand il s'adresse aux médias. Ses déclarations sur les valeurs défendues par l'association relèvent souvent de l'esquive. Et plus précisément sur la délicate question de ses liens avec les mouvements les plus extrêmes : le Front national et la Fraternité Saint-Pie X. Sans eux, de fait, Civitas ne serait rien. Ou serait resté, comme le dit l'Abbé Bétin (cf. plus haut), « *une association de personnes d'un certain âge qui faisaient de la théologie dans leur coin* ». Quand on lui parle du Front national, Alain Escada se dérobe : « *mes liens avec l'extrême-droite sont les mêmes qu'avec la droite et le centre droit* »[5]. Mais à la question « *si vous votiez en France, vous pourriez voter Marine Le Pen ?* », il répond sans hésiter : « *Oui* ». Alain Escada a été en Belgique le porte-parole du Front Nouveau de Belgique, l'équivalent du Front national, et a animé différents mouvements et journaux

5. « Les grandes Gueules », *RMC*, 21 novembre 2012.

d'extrême-droite : Belgique et Chrétienté, *Polémique-Info*, etc. Un tour d'horizon de ses autres dirigeants permet d'avoir une idée précise de l'orientation politique de Civitas :

- Jean-Claude Philipot, délégué national et bras droit d'Alain Escada : directeur de campagne de Roger Paris, candidat du Front national (sous l'étiquette Rassemblement Bleu Marine) aux élections municipales de mars 2014 à Reims (51).

- Dominique Chrissement, membre du conseil d'administration et ex-secrétaire général : candidat aux municipales de mars 2014 à Saint-Malo sur la liste du Front national. La tête de liste, Jean-Louis Robin, est un membre actif et conférencier de Civitas.

- Gonzague Malherbe, responsable du cercle Civitas Jeunesse de Bordeaux : candidat du Front national aux élections municipales de mars 2014 à Libourne (33). Il s'est distingué fin 2013 en dénonçant les hommages rendus à la mémoire du Général de Gaulle, lui préférant... celui qui a tenté de l'assassiner, le lieutenant-colonel Bastien-Thiry (voir le chapitre Ichtus dans la troisième partie). Sur son blog, il regrette que ce dernier « *n'ait pas atteint son but* »[6].

- Richard Croche, responsable du cercle Civitas de Courbevoie (92) : candidat sur la liste Front national aux élections régionales de 2010 en Île-de-France, candidat du Front national aux élections cantonales de 2011 dans les Hauts-de-Seine, soutien de la candidate Front national Floriane Deniau aux élections municipales de mars 2014 à Courbevoie.

- Léon-Pierre Durin, membre du conseil d'administration : candidat du MNR (Mouvement national républicain) de Bruno Mégret aux élections municipales de Bergerac (24) en

6. « Quand le candidat du FN à Libourne rendait hommage à celui qui tenta d'assassiner de Gaulle », *Sud Ouest*, 9 novembre 2013.

2001 puis aux législatives de la 2ème circonscription de Bergerac en 2002[7].

- Robert Davion, membre du conseil d'administration de 1999 à 2011 : candidat du Front national dans la 5ème circonscription de Meurthe-et-Moselle aux élections législatives de 1993 et de 1997. C'est à son adresse qu'a été légalement domiciliée l'association de sa création, en 1999, jusqu'en 2012. Ensuite le siège social a été installé en banlieue parisienne, à Argenteuil... rue des Chasseurs.

Jusqu'à ce jour, aucun responsable de Civitas n'a été déclaré candidat d'un parti centriste...

Sur le plan religieux, Alain Escada refuse d'être classé comme intégriste. Sur le site de *France TV info*, en décembre 2011, à la question « *Vous êtes à la tête d'un mouvement intégriste non reconnu par l'Église catholique, qui représentez-vous ?* », il répond : « *D'abord, je refuse tous les "istes", "intégriste", "extrémistes"... Nous représentons un courant de plus en plus important de catholiques qui considèrent que ça n'a que trop duré. Que leur foi est moquée, raillée, qu'une forme de laïcité républicaine cherche à brimer l'expression de leur foi.* » Sur *France Info*, le 19 novembre 2012, une journaliste rapporte l'entretien qu'elle vient d'avoir avec lui : « *Le président de l'organisation, Alain Escada, avec une voix très calme et un phrasé appliqué, explique que son mouvement politique est né il y a dix ans, assume d'être "catholique traditionaliste", mais surtout "pas intégriste", se défend de toute "croisade" et se dit simple lobbyiste pacifique attelé à défendre le christianisme et les valeurs de la famille.* » Quelques semaines plus tôt, le 10 juillet 2012, sur *I-télé*, il affirmait de façon péremptoire : « *Je réfute le mot intégriste.* » Mais dans un entretien vidéo plus

7. Le programme de Léon-Pierre Durin ne faisait guère dans la dentelle, qui prônait entre autres mesures la peine de mort, la déchéance de nationalité et la suppression des impôts.

confidentiel réalisé en 2011, il donne une définition bien différente de ses convictions religieuses. À la question : « *Vous avez confié les activités d'aumônerie de Civitas à la Fraternité Saint-Pie X, qui n'est pas* stricto sensu *dans l'Église. Est-ce que vous ne pensez pas que cela pourrait poser problème à des jeunes catholiques "traditionalistes" pour venir vous rejoindre ?* », Alain Escada répond : « *Je ne le pense pas et de toute façon je considère que c'était la seule voie possible parce qu'aujourd'hui il n'y a que la Fraternité sacerdotale Saint-Pie X qui ose encore professer intégralement la doctrine catholique et la pensée contre-révolutionnaire. C'est bien là l'essentiel du problème : c'est que l'Église conciliaire aujourd'hui ne professe plus l'intégralité de la doctrine voire modifie la doctrine sociale de l'Église pour l'adapter aux temps modernes, aux modes* »[8]. Civitas se situe donc bien dans le courant intégriste et schismatique, en opposition à l'Église catholique. Le lien direct de filiation entre la Fraternité Saint-Pie X et Civitas transparaît encore plus clairement à travers le profil de certains dirigeants de l'association. Deux membres du conseil d'administration font partie de la congrégation intégriste, où ils ont des responsabilités importantes. Léon-Pierre Durin a été le webmestre du site de la Fraternité, *laportelatine.org*[9]. François-Xavier Péron, porte-parole de Civitas, trentenaire très actif dans les forums Internet catholiques sous le pseudonyme Austremoine et animateur du blog *austremoine.org*, est un fidèle de la Fraternité Saint-Pie X. Après l'intervention de ce dernier dans une émission de *France 5* (« Revu et corrigé », le 19 octobre 2011), voici le commentaire que l'on pouvait lire

8. Entretien vidéo avec Franck Abed, *Youtube*, 8 septembre 2011.

9. Il a été « démasqué » en 2005 par un de ses coreligionnaires sur *Le Forum catholique*, site très fréquenté par les traditionalistes et intégristes (les ultras pratiquent volontiers la dénonciation). Sans doute a-t-il continué à officier à ce poste après, sous un plus strict anonymat.

sur le site *laportelatine.org* : « *la prestation de François-Xavier Peron n'a pas étonné ceux qui l'ont vu évoluer d'étudiant à formateur dans les ateliers des universités d'été de la FSSPX.* » Il a par ailleurs été chargé par la Fraternité Saint-Pie X de réaliser un film hagiographique sur le fondateur de la congrégation intégriste, Mgr Lefebvre : *Un évêque dans la tempête,* sorti en DVD en septembre 2012. Pour le réaliser il s'est adjoint les services d'un de ses amis de la Fraternité, Jacques Régis du Cray, qui utilise, lui, les pseudonymes de Côme de Prévigny ou d'Ennemond. Et qu'il croise régulièrement aux réunions de Civitas, dont il est, comme lui, un conférencier et un porte-parole.

Le profil-type du dirigeant de Civitas se dessine donc assez nettement : militaire, intégriste, d'extrême-droite. Et cachottier...

TROISIÈME PARTIE

Soutiens et relais catholiques

Ichtus : le pétainisme en héritage

Ils étaient presque tous là, samedi 12 octobre 2013, au cœur du 16ème arrondissement de Paris. Rassemblés dans le très chic lycée Saint Jean de Passy. Certains des opposants les plus farouches au mariage pour tous se sont retrouvés pour un colloque intitulé « Catholiques en action ». Personnalités politiques et catholiques (voir p. 16) ont débattu pendant deux jours devant près de cinq cents personnes des suites à donner aux grandes mobilisations de 2012 et 2013. La conférence d'ouverture était donnée par le très traditionaliste évêque de Bayonne Mgr Aillet (voir son portrait p. 90). Et celle de clôture par Bruno de Saint Chamas, président d'Ichtus, organisateur de l'événement. Parfaitement inconnue du grand public, Ichtus est une organisation incontournable dans l'univers des catholiques ultras. Son président a été un des relais, discret mais musclé, de la grande manifestation du 24 mars 2013 contre la loi Taubira. Celle qui a été la plus houleuse, en raison notamment de nombreux débordements de manifestants. Or ceux-ci n'étaient ni spontanés ni suscités par la violence des CRS comme des organisateurs de la manifestation l'ont dit à l'époque[1]. Ils avaient été parfaitement anticipés et préparés. Un mail de « consignes » avait circulé quelques jours avant. Il était clair et précis, comme l'indiquent ces quelques extraits :

« *Officiellement, la Manif pour Tous attend l'appel au Conseil d'État pour aller sur les Champs-Élysées. Officieusement, voici quelques consignes formelles à faire circuler à titre personnel mais activement pour la réussite du 24 mars.* »

« *1°/ Le mot d'ordre doit être "FORMER LA MASSE" : c'est la masse qui l'emporte dans toutes les batailles.*

2°/ ARRIVEZ DE TOUS LES CÔTÉS PAR OÙ VOUS POURREZ

3°/ Face à un barrage serré de CRS interdisant, par exemple, l'accès aux Champs : se tenir à courte distance en contre-barrage serré, sans provocation. Cela les fixera à un point précis et permettra de mieux les contourner dans les rues poreuses du quartier de l'Étoile. »

« *les forces de l'ordre ne pourront pas être plus que QUELQUES DIZAINES DE MILLIERS, alors que les manifestants dépasseront probablement le MILLION. À un contre trente ou quarante, la police NE PEUT RIEN ! Le Gouvernement, la préfecture et le juge interdisent les Champs-Élysées. L'avenue de la Grande Armée est retenue. C'est insuffisant car elle ne peut contenir que trois cent mille personnes. On peut en tirer avantage pour déborder. Les consignes données d'arriver le 24 mars par trois axes sont caduques.* »

Ce texte était signé ainsi : « *Consignes écrites par un élu de la République et un ancien officier de l'armée.* » Si leurs auteurs

1. Laurent Wauquiez, député de la Haute-Loire et vice-président de l'UMP, présent dans le cortège, avait déclaré : « *il est inacceptable d'envoyer des gaz contre des enfants.* » On avait également pu voir Christine Boutin faire un malaise, et déclarer ensuite « *Ce qui est beaucoup plus important, c'est la façon dont la police a traité les manifestants, c'est inacceptable.* »

sont restés anonymes, ces consignes ont été publiées sur des blogs et largement diffusées par mails. Parmi ceux qui ont fait tourner ce texte figurerait le président d'Ichtus, Bruno de Saint Chamas. Il les aurait même complétées en laissant ses coordonnées personnelles (deux numéros de téléphone portable) et en donnant une adresse Internet avec cette indication : « *Pour ceux qui veulent des instructions précises avec le nom des stations de métro fermées.* » Pour mieux faire connaissance avec cette organisation et son président, un peu d'histoire s'impose.

Ichtus est l'héritier direct d'une structure créée en 1946 par Jean Ousset, un catholique maurassien : la Cité catholique. Mouvement qui se situe, selon le mot de son fondateur, à la « *charnière* » du religieux et du politique. Et qui fonctionne avant tout comme un réseau d'influence. Constitué en cellules autonomes, il propose des formations aux laïcs catholiques pour leur permettre de diffuser ses idées dans la société. Si possible en accédant aux postes de décision. Jean Ousset pense que ses projets deviendront possibles à partir du moment où il aura formé « *mille cadres* ». Sur le fond, la Cité est un mouvement contre-révolutionnaire. Le parcours de son fondateur le classe très nettement à l'extrême-droite. En 1942, à 28 ans, il s'engage auprès de Pétain dans le gouvernement de Vichy. Il y dirige le mouvement Jeune Légion, directement lié à la Légion française des combattants. Cette dernière a été créée par Xavier Vallat, commissaire général aux questions juives, l'un des principaux théoriciens français de l'antisémitisme. C'est de la Légion que sera issue la Milice en 1943. Jean Ousset s'occupe surtout de propagande en réalisant les deux principaux journaux de la jeunesse pétainiste : *Jeune Légion*, puis *Bastions*. Ses liens avec Vichy persisteront des années après la fin du régime, notamment par l'intermédiaire de lectures et de rencontres.

Jean Ousset cite volontiers les ouvrages de Jean Marquès-Rivière sur la franc-maçonnerie : ce dernier était à la tête d'une force spéciale, le Service de Police, chargée par Vichy de traquer les « sociétés secrètes ». Il organisa une exposition antisémite, *Le juif et la France*, restée célèbre pour son affiche, sur laquelle un personnage aux doigts crochus s'empare, sous une cape, d'un globe terrestre. Jean Ousset sera également très lié toute sa vie à Louis Salleron, ancien membre du Conseil national de Vichy, chargé par Pétain des questions paysannes, et auteur de plusieurs livres dont *Le cancer socialiste*. En juillet 1946, Jean Ousset fonde le Centre d'étude critique et de synthèse, qui deviendra en 1949 la Cité catholique[2]. Le mouvement se développe d'année en année et s'appuie sur un journal influent, *Verbe*. Il recrute surtout chez les paysans, les étudiants et les militaires. Après avoir soutenu Pétain, Jean Ousset s'engage activement pour l'Algérie française. Le mouvement indépendantiste algérien représentait aux yeux de certains catholiques l'ennemi à abattre. Ceci, pour deux raisons : sa religion, l'islam, et sa proximité avec les communistes.

Tortures, dictatures et peine de mort

Selon les travaux de chercheurs et d'historiens, Jean Ousset aurait été, avec son mouvement, l'un des inspirateurs voire l'un des organisateurs du putsch des généraux, le 13 mai 1958. À l'appui de cette thèse : sa présence à Alger ce jour-là, et sa proximité avec de nombreux officiers ayant participé

2. Nom tiré d'un texte de Pie X, *Notre charge apostolique*, qui dénonçait *Le Sillon* de Marc Sangnier, et avec lui les catholiques « *ralliés* » à la République : « *non, la civilisation n'est plus à inventer, ni la cité nouvelle à bâtir dans les nuées. Elle a été, elle est ; c'est la civilisation chrétienne, c'est la cité catholique.* »

ou soutenu le putsch, dont des dirigeants de l'OAS. Le père Georges Grasset, un ami proche de Jean Ousset et pilier de la Cité catholique, était le conseiller spirituel de l'un des trois putschistes, le général Salan. C'est après cet événement, en 1959, que le fondateur de la Cité publie son livre-programme, qui théorise le national-catholicisme et demeure l'une des principales références des courants traditionalistes et intégristes : *Pour qu'Il règne*. Le mouvement de Jean Ousset serait également impliqué dans l'attentat du Petit-Clamart contre le Général de Gaulle, le 22 août 1962. D'après l'historien Arnaud Ferron[3], les indications sur l'itinéraire suivi par le Président de la République ce jour-là ont été fournies « *par deux jeunes filles qui travaillent à l'Élysée et qui appartiennent toutes deux à la Cité catholique* ». L'auteur de cet attentat, le lieutenant-colonel Jean-Marie Bastien-Thiry, était un catholique traditionaliste. Il a été salué après son exécution, en 1963, par Jean Madiran, ami de Jean Ousset, maurassien et pétainiste comme lui. Il écrit à son propos, en juin 1963, dans un article de *Chronique et documents* titré « Mort d'un activiste » : « *Sa mort exemplaire, le chapelet à la main, appartient à la France, et à l'Église.* » À la même époque, des intellectuels catholiques - au premier rang desquels le père Le Blond dans la revue jésuite *Études* - s'élèvent contre des articles de *Verbe* qui légitiment selon eux l'usage de la torture. On peut lire notamment dans le journal de la Cité catholique : « *un coupable peut être condamné à une peine, c'est-à-dire à une souffrance et cela non seulement à titre de juste châtiment – peine vindicative – mais encore pour l'utilité commune et immédiate - peine médicinale – qui est de procurer des renseignements indispensables à la protection du bien commun*

3. Auteur en 2001 d'une thèse sur « Le traditionalisme catholique en France (1945-2000) : histoire et sociologie d'un mouvement contre-révolutionnaire ».

lorsqu'il n'est pratiquement pas possible de déjouer autrement les projets qui menacent le bien commun : cas très fréquent en période de guerre révolutionnaire. »[4] Jean Ousset justifie également la peine de mort : « *la peine de mort, loin de contredire le cinquième article du Décalogue, en dérive directement et ne lui fait pas exception : l'une et l'autre loi procèdent de la même raison d'être qui est la nature même de l'homme, animal raisonnable.* »[5] Au sein de l'épiscopat, certains commencent à s'inquiéter de l'influence croissante de la Cité catholique et de ses thèses radicales. Dans *Le Monde* du 10 novembre 1961, un article révèle l'existence d'un rapport confidentiel et très critique réalisé à la demande de l'assemblée des évêques. On apprendra par la suite que l'auteur était Mgr Guéry, secrétaire de l'Assemblée des cardinaux et archevêques de France. Il y est écrit notamment ceci : « *L'Église apparaît comme la contre-révolution, la lutte contre Satan, qui anime la révolution. Il y a là un grave péril pour la conception de la vraie mission de l'Église, d'abord mystère de salut éternel, communauté de foi et de charité (...). La Cité catholique est très axée dans une certaine ligne politique : droite et extrême-droite. Certes ! c'est le droit de ses membres comme citoyens de choisir cette option politique ; mais comment rapprocher des catholiques qui ont d'autres opinions politiques, légitimes elles aussi ?* »[6] *Le Monde* suggérait que le document n'avait pas été rendu public en raison d'importants soutiens que la Cité catholique avait au Vatican, notamment celui du cardinal Ottaviani, secrétaire du Saint Office. Le mouvement sera ensuite impliqué dans les coups d'État de 1966 et 1976 en Argentine qui ont installé des dictatures militaires, dont celle du général Videla. Ces régimes

4. *Verbe*, n°92, avril 1958.

5. *Verbe*, n°92, avril 1958.

6. Texte intégral sur le site Internet de Nicolas Senèze, journaliste à *La Croix* : lacriseintegriste.typepad.fr.

ont été soutenus par l'équivalent local de l'organisation, la Ciudad Catolica, et son journal *Verbo*. C'est le père Georges Grasset, cité précédemment, qui les créa en allant s'installer en Argentine en 1962. Après avoir été le conseiller spirituel de Salan, il devient celui de Videla. Le lien entre l'Algérie et l'Argentine ne s'arrête pas là : Georges Grasset contribua à faire venir à Buenos Aires des familles d'officiers ayant servi en Algérie, dont certains, en fuite, avaient été condamnés par contumace. Dans son livre *Escadrons de la mort - L'école française*, la journaliste Marie-Monique Robin explique comment les techniques employées par l'armée française en Algérie, dont la torture, ont été importées en Amérique du Sud par certains officiers. Et souligne l'implication de l'organisation fondée par Jean Ousset. Ce dernier séjourna en Argentine au milieu des années 1970. L'attitude de la Cité catholique vis-à-vis de l'institution catholique est un peu plus modérée que ses positions politiques. S'il n'approuve pas Vatican II ni la nouvelle messe, Jean Ousset n'a pas pour autant suivi les positions schismatiques de Mgr Lefebvre. Ce dernier avait cependant préfacé son livre *Pour qu'Il règne*.

L'ouvrage et son auteur restent, plus de cinquante ans après, les principales références des responsables d'Ichtus. Dans aucun de leurs documents ni aucune de leurs déclarations on ne trouve la moindre critique des prises de position de leur inspirateur. Au mieux, ils essaient de les dissimuler. Ainsi, dans la rubrique du site Internet consacrée à l'histoire du mouvement et de son fondateur, ils résument sa période pétainiste en quelques lignes étonnantes, ne citant aucun lieu ni aucune date : « *son but est de former des jeunes gens et d'en faire une élite. Il organise de véritables sessions de formation, des stages ; il est en même temps responsable de la revue* Bastions *qui traite de thèmes ensuite repris par la Cité catholique, comme la famille, l'éduca-*

tion, la patrie, l'État, le travail, etc. » Bruno de Saint Chamas, quand il a été nommé président de l'Institut en 2010, accorda un entretien au journal *La Nef* (mensuel traditionaliste proche de l'extrême-droite), dans lequel il revendiqua intégralement l'héritage des fondateurs : « *Cette nomination doit certainement être interprétée avec l'herméneutique de la continuité dont* La Nef *a su si bien être pour la France le champion. Elle s'inscrit donc, sans rupture, dans la vie normale et le travail d'Ichtus, avec la volonté réelle d'associer au développement de cette œuvre tous ceux qui ont été les compagnons de Jean Ousset.* » On ne saurait être plus clair. Son père, Jehan de Saint Chamas, a été aux côtés de Jean Ousset à la direction de la Cité, en présidant notamment le Centre d'Étude des Entreprises, qui lui était rattaché. En 1981, Jean Ousset décide de rebaptiser son organisation Ictus (qui deviendra Ichtus) et en confie la présidence à une célèbre figure de l'extrême droite : Jacques Trémolet de Villers. Avocat proche du Front national, il défend le milicien Paul Touvier en 1992. Il est alors toujours en fonction, puisqu'il quittera la présidence d'Ichtus en 1997.

Aristote et Jérôme Lejeune, même combat

La formation demeure l'une des activités principales de l'institut. Et elle s'est fortement professionnalisée. On peut y trouver tous types de thématiques. Parmi elles... l'histoire. Intitulé de l'une des sessions : « Plongez-vous dans l'histoire telle qu'elle ne vous a (sans doute) pas été racontée à l'école ! » En effet... Les séances ont lieu généralement le soir, de 20h à 22h. Le coût est plutôt attractif : 50 euros les six séances. Et l'argumentaire n'y va pas de main morte : « *On n'enseigne plus rien en histoire actuellement ! Au contraire, on enseigne une histoire déformée, idéologique et repentante.* » Avec Ichtus, nous allons donc enfin pouvoir « *débusquer les méthodes actuelles de fabrication d'une histoire mutilée et dévitalisée. Les conférences apporteront aussi des faits et des réflexions qui permettent de répondre aux grandes objections de nos contemporains.* » Voici le fil conducteur de ces leçons d'histoire prétendument dénuées de toute idéologie et de toute déformation : « *Comment l'amour du Christ s'est-il incarné dans l'histoire des hommes ?* ». Les séances couvrent une période qui va de l'Antiquité au XXe siècle. Parmi les sujets abordés : « Propagandes, anachronismes et enracinements historiques du judaïsme et du christianisme », « Légendes noires de l'islam », « La philosophie des lumières, les régimes révolutionnaires et la jeunesse spirituelle des résistants qui s'y sont opposés ». C'est également l'occasion de mieux connaître des personnages majeurs de l'histoire de l'humanité, d'un grand philosophe grec à… un militant anti-avortement : « *L'histoire peut faire découvrir des figures humaines de la recherche de la vérité sur l'esprit humain, la nature et l'histoire, d'Aristote à Jérôme Lejeune.* » L'« historien » payé par l'institut néo-pétainiste pour faire ce travail a pignon sur rue : Vincent Badré a publié des articles dans la revue *Le Débat* et, en 2012, un livre aux éditions du Rocher, *L'histoire fabriquée : ce qu'on ne vous a pas dit à l'école*. Une autre conférencière et formatrice d'Ichtus est devenue, elle, encore plus connue : Béatrice Bourges, l'une des figures médiatiques des manifestations anti-mariage pour tous. Elle a assuré plusieurs fois pour l'institut une formation au contenu assez dense : « Sexualité, mariage, contraception, homosexualité, théorie du *gender* ».

Le thème central des formations, celui par lequel Jean Ousset voulait faire passer sa vision de la société, c'est la culture. Plusieurs sessions sont proposées au public. L'une d'elles indique déjà par son intitulé l'ouverture d'esprit qui l'anime : « Faire aimer notre civilisation ». Et pour évacuer le moindre doute : « *L'architecture, l'histoire, la peinture, la sculpture et la musique permettent de comprendre et mieux transmettre les valeurs qui fondent notre civilisation et de découvrir le vrai, le beau et le bien dans notre culture.* » Les objectifs de cette formation sont, eux aussi, précisés assez clairement : « *D'où la nécessité vitale d'une action culturelle qui ne peut être facultative pour celui qui veut œuvrer à la renaissance de notre patrie et au salut très immédiat de nos contemporains.* » Pour 40 euros, cinq séances vont donc nous éveiller à l'art à travers « *l'étude objective des œuvres présentées* ». On pourra ainsi découvrir Van Gogh sous un visage plutôt inattendu. Ici, pas de *Tournesols dans un vase* ni d'*Auto-portait à l'oreille bandée*. Avec Ichtus, on s'intéresse à *Premiers pas*. Tableau sur lequel on voit un jeune enfant qui court de sa mère vers son père, dans un jardin. Pourquoi ce tableau ? La réponse est évidente : « *Van Gogh nous apprend à voir l'amour dans la famille. Pour l'enfant, un père et une mère, c'est élémentaire ! On ne peut plus simplement suggérer l'union profonde de ces deux êtres, que le travail soude au jour le jour et que l'enfant, fruit de leur deux chairs, fusionne en un amour commun pour une troisième personne qu'ils ont tous deux engendrée.* » Et l'on nous prévient avec insistance de ne pas nous laisser berner par d'autres interprétations : « *Van Gogh est considéré comme un post-impressionniste par tous ceux qui apprécient de mettre des étiquettes sur les êtres et les choses parce que cela les rassure ; classification arbitraire qui n'apporte aucune indication sur le contenu réel de ses différents tableaux. Il est, de fait, par l'œuvre que nous contemplons ici, comme par la totalité de son travail, dans la lignée des thèmes récurrents de la peinture occidentale chrétienne : une loi naturelle, une nature humaine, des émotions universelles...* » Si Van Gogh est présenté comme un porte-étendard de l'Occident chrétien, qu'en est-il alors de... Marcel Duchamp ? Pas de surprise, l'institut traditionaliste ne goûte guère. Devant le célèbre *Nu descendant un escalier*, il se livre même à une analyse au premier degré assez osée, que ne renierait pas quelque ivrogne en fin de banquet : « *De fait, si le titre du tableau peut aider l'œil du spectateur à deviner une silhouette humaine, il reste néanmoins impuissant à lui suggérer un nu, qu'il soit du reste masculin ou féminin. Selon la volonté du peintre lui-même : "Le nu anatomique n'existe pas, ou du moins, ne peut pas être vu, car je renonçai complètement à l'apparence naturaliste d'un nu, ne conservant que ces quelques vingt positions statiques dans l'acte successif de la descente". Quelques ados insolents de ma connaissance auraient ajouté ici à bon escient : "circulez, il n'y a rien à voir" !* » Mais encore : « *C'est dire la pauvreté de l'"œuvre" qui n'est pas une fenêtre ouverte devant le spectateur entraînant son être vers la contemplation de l'invisible de l'homme ou de la création, ce n'est qu'une sorte de mur sur lequel se fracasse son intelligence assoiffée d'autre chose.* » Fra Angelico, en revanche, semble mieux convenir à la mission qu'Ichtus s'est assignée à travers ces formations culturelles : le prosélytisme. Sa fresque *Vie de Saint Etienne* est ainsi commentée : « *À l'expérience, la présentation de cette scène d'évangélisation "passe très bien" devant tous les auditoires, souvent beaucoup plus émus que nous pourrions le croire de prime abord. Il nous faut faire confiance à la beauté de notre patrimoine pour séduire les cœurs et conquérir les intelligences. (...) N'oublions pas, c'est à un travail d'apologétique que nous sommes conviés. Il nous faut, en quelque sorte, apprendre les "trucs" de notre "métier" d'apôtre de la civilisation chrétienne.* »[7] Signe que la question des arts tient une place centrale pour Ichtus : c'est une

7. L'apologétique est une partie de la théologie qui a pour objet de démontrer la crédibilité rationnelle et historique du dogme.

de ses permanentes, Nicole Buron, par ailleurs rédactrice en chef de la revue de l'institut, *Permanences,* qui en est chargée, en tant que « responsable de l'action culturelle ». On ne sera guère surpris de découvrir, sur sa page Facebook, qu'elle soutient Philippe de Villiers... La peinture et la culture sont également utilisées pour d'autres sessions de formations, dont l'objet est, lui aussi, plutôt surprenant : « Introduction à l'éducation relationnelle, affective et sexuelle par l'art ». En voici la présentation, accessible sur le site d'Ichtus : « *Trop d'échecs sentimentaux ou une vie sexuelle superficielle et désordonnée viennent d'un déficit de vocabulaire et de faculté d'analyse qui empêchent les jeunes de comprendre, et donc de maîtriser, leurs émotions et leurs sentiments. (...) Un choix de tableaux représentant des hommes et des femmes dans les situations les plus diverses permet de mettre en évidence la jalousie, le bonheur, la concupiscence, la paix familiale, la violence conjugale, l'amitié, la pudeur, l'amour, le désir, le désespoir, l'attente, le remords, l'érotisme, la fidélité ou son contraire, etc. Parler de ces tableaux permet de découvrir que les "sentiments" ne se résument pas en "j'ai envie", "j'ai pas envie", "j'aime, j'aime pas". Cette exploration peut permettre en outre de découvrir que le temps a sa place dans toute histoire, que l'attente et la pudeur peuvent préparer à l'accomplissement de l'amour.* » Voici par exemple ce que des enfants et adolescents pourront apprendre grâce à cette formation, face au tableau de Rubens *Sous la tonnelle de Chèvrefeuille,* dans lequel le peintre s'est représenté tenant sagement la main à son épouse, Isabella Brant : « *Cette vision de l'amour tranquille et certain de lui-même a tout pour indisposer nos esprits contemporains et leurs conceptions hédonistes et consommatrices de l'amour humain qui veut que l'on "s'essaie" avant de se donner et que l'on se marie avec, incluse dans le contrat civil de mariage, l'assurance-divorce. Et de fait, il existe tant de couples qui se déchirent, se séparent, abandonnant à la dérive de leurs reproches et déceptions réciproques les enfants nés de leurs amours avides et provisoires.* »

Des formations financées par l'État

Après l'amour, la famille, avec Nicolas de Largilliere et son *Portrait de famille,* qui représente un homme, sa femme et sa fille devant un coucher de soleil, dans des poses très banales. Mais ce n'est pas ce que voit Ichtus : « *L'homme est accompagné de deux oiseaux morts évoquant la chasse ; le port débraillé de ses vêtements suggère le peu de cas qu'il fait de la présence de sa famille, tandis qu'il tourne ostensiblement son regard vers nous. Son épouse lui fait face à l'autre extrémité de la toile. À la fois richement vêtue et empruntée, elle regarde son mari dans une attitude hautaine et distante. Elle est aussi pâle et guindée que son époux est sanguin et vautré. (...) L'horreur intégrale des cœurs vides et des vies brisées en version bien élevée. (...) Chacun dans son univers et chacun pour soi : un vaccin contre le bonheur, la caricature d'une famille, le contraire de l'amour. Un passeport assuré pour la jouissance sans contraintes et l'amour exclusif de soi-même !* »[8] Même

---

8. Voici ce qu'en disent de leur côté les conservateurs du Louvre, où le tableau est exposé : « *L'œuvre est un exemple abouti des portraits "à la mode" dans les premières années du XVIII*e *siècle. Les personnages, anonymes, autrefois identifiés comme le peintre et sa famille, sont placés devant un paysage qui met en valeur la richesse des habits et la blancheur des carnations. Chaque figure est marquée par sa condition sociale. L'homme est accompagné de deux oiseaux morts évoquant la chasse, passe-temps favori de la haute société. Son épouse lui fait face à l'autre extrémité de la toile. Richement vêtue, elle regarde son mari dans une attitude passive. La jeune fille, fruit de cet heureux mariage, est représentée entre les époux, proche de sa mère. Elle tient dans sa main gauche une partition de musique et adopte une position mettant en valeur sa beauté fraîche et légère. On retrouve ainsi tous les traits conventionnels inhérents à une famille distinguée.* »

Edouard Manet, grand précurseur de la peinture moderne et artiste inclassable s'il en est, n'échappe pas à la moulinette intégrale des catholiques identitaires. *Chez le père Lathuille,* qui représente une scène de drague dans les jardins d'une brasserie, devient une illustration de l'Amour absolu : « *Ainsi cette œuvre de Manet,* Chez le Père Lathuille, *qui nous livre, avec le charme raffiné de sa palette et son intérêt pour les êtres, cet instant précis où, pour la première fois, l'autre a plus d'intérêt à vos yeux que vous-même. (…) Pour ceux qui en sont les témoins, comme le garçon de café à l'arrière-plan, ces instants de la découverte, qui sont si personnels, sont incompréhensibles, considérés même souvent comme risibles pour ne pas dire dérisoires. Peu importe à ceux qui se découvrent, se devinent, se cherchent par tous les pores de leur peau et toutes les fibres de leur âme. Les amoureux sont seuls au monde.* »[9] Pour mener ces opérations de découverte des grands peintres sous un jour assez singulier, ce ne sont pas des historiens ou des critiques d'art qui sont sollicités, mais... des mères de famille modèles : « *Valérie d'Aubigny, mère de 6 enfants de 11 à 22 ans et Sophie Roubertie, mère de 4 enfants de 10 à 18 ans* ».[10] Qui ont par ailleurs d'autres occupations. La première est critique de livres pour la jeunesse sur l'antenne

9. Françoise Cachin, ancienne directrice du Musée d'Orsay, spécialiste de Manet, écrivait à propos de ce tableau : « *Manet, quant à lui, reflétait son monde familier, plus frivole, dans des moments de repos, de gaieté, d'insouciance, cherchant le plaisir ou la rencontre : ainsi des canotiers (*En Bateau*), des personnages attablés devant une bière en écoutant de la musique (*Au café, La serveuse de bocks*), flirtant à une table de restaurant (*Chez le père Lathuille*), (...) Manet enregistre les lieux particuliers de cette civilité moderne un peu canaille du Boulevard* » (*Edouard Manet,* par Françoise Cachin, Découvertes Gallimard). L'académicien Frédéric Vitoux le résume de son côté ainsi : « *Le ton de cette toile est résolument à la comédie. Tout y est subtilement désinvolte* » (*Voir Manet,* par Frédéric Vitoux, Fayard).

10. Présentation faite par la Fédération nationale de la Médaille de la famille française, qui promeut cette formation.

de *Radio Courtoisie*, célèbre pour ouvrir généreusement son micro aux voix d'extrême-droite. La seconde est administratrice d'Ichtus et secrétaire générale du Relais Interactif des élus locaux, une émanation groupusculaire d'Ichtus qui forme les candidats aux élections municipales (voir p. 40).

La vraie surprise est encore à venir... Ces sessions d'apologie du traditionalisme catholique destinées aux enfants et adolescents sont subventionnées... par l'argent public. Elles sont en effet remboursées par l'État au titre de la formation professionnelle continue. Ichtus a été enregistré comme organisme de formation sous le numéro 11 75 46369 75 auprès du préfet de région d'Île-de-France ! L'association est également agréée auprès de l'Agence du Service Civique, créée par Martin Hirsch et présidée par François Chérèque, qui dépend du ministère de la Jeunesse et des Sports. Elle peut recruter à ce titre et à peu de frais de jeunes permanents. En prenant bien soin de dissimuler le « religieux » sous le « culturel ». Comme le montre cette annonce qu'Ichtus avait publiée sur le site de l'Agence du Service Civique : « *l'association propose de se rapprocher des associations existantes, des maisons de quartiers et centres de loisirs pour construire avec les responsables de ces structures des parcours culturels qui soient le plus adaptés possibles à la population dont ils ont la responsabilité, et à leur propre projet pédagogique. C'est dans cette perspective que nous voudrions qu'un jeune motivé par cette approche culturelle puisse la proposer à des maisons de quartier et à des centres de loisirs.* » Cette reconnaissance par l'État est un véritable bâton de Maréchal pour un institut qui appelle, sur son site, à « *l'instauration d'un État chrétien* ». Et qui précise : « *Le fait qu'il soit confessionnel n'enlève en rien à l'État ses responsabilités et son autorité définies précédemment. Ce n'est pas l'Église qui impose son pouvoir, mais l'État qui répond à son invitation à ordonner la société de manière à ce qu'elle favorise le salut des âmes. Bien que l'idée puisse surprendre voire choquer nos contemporains, mais aussi bon nombre de catholiques insuffisamment formés, l'État chrétien doit aller jusqu'à reconnaître que son autorité lui vient de Dieu.* »

Le joli magot de la Fraternité

La Fraternité Sacerdotale Saint-Pie X (FSSPX) est en France le mouvement catholique ultra le plus puissant. Fondée en 1970 à Écône (Suisse) par Mgr Lefebvre (1905-1991), elle est incontournable d'abord par l'étendue de son organisation. Elle est implantée dans une trentaine de pays avec plus de cinq cents prêtres et quatre cents religieux. Un tiers de ses prêtres officient en France. Elle y possède aussi trente écoles primaires, douze écoles secondaires, un institut universitaire et un séminaire. À cette force de frappe spirituelle s'ajoute une belle richesse matérielle et financière. En 2011, son budget s'élevait à 38,4 millions d'euros, dont 23,8 millions de fonds de réserve et... 13 millions de placements financiers. Ces derniers lui ont rapporté près d'un million d'euros. Une pratique qui, soit dit en passant, contrevient quelque peu aux préceptes bibliques sur l'argent, valeur d'échange et non de rente : « *Ne travaille point à t'enrichir* » (Proverbes 23, 4). On peut également mesurer son influence à la générosité de ses fidèles. Le district de France de la Fraternité a engrangé en 2011 trois millions d'euros de dons. À quoi il faut ajouter le produit des quêtes : 1,6 million. Et celui des deniers du culte : 1,31 million. À la vue de ces chiffres, on comprend pourquoi l'association Civitas ne lâche pas ses amis intégristes d'une semelle (voir la deuxième partie). Cette puissance matérielle et humaine permet, entre autres, à la FSSPX de tenir tête au Vatican. Depuis sa fondation, il y a plus de quarante ans, par l'ancien évêque de Dakar (Sénégal) et de Tulle (Corrèze), jusqu'à aujourd'hui.

Nourri à une théologie fortement influencée par la lecture de Saint Thomas d'Aquin et marqué par ses expériences en Afrique aux côtés des spiritains, Mgr Lefebvre développa toute sa vie une vision du monde et de l'Église assez sommaire. Il n'était guère théologien ni théoricien. « *Pour Marcel Lefebvre et ses amis, tout est simple,* écrit Gérard Leclerc, journaliste proche des traditionalistes[11]. *Il y a deux camps irréductiblement opposés, le camp traditionnel et le camp libéral, et c'est la victoire du second qui a amené une crise sans précédent dans l'Église. Sans nuances, le camp libéral est assimilé au modernisme, celui qui fut condamné sévèrement par le saint pape Pie X. Ce modernisme est lui-même coupable de déviationnisme qui le conduit à ce qu'on a appelé après-guerre le progressisme, c'est-à-dire la complicité et même la collaboration avec le communisme.* » Sa participation au concile Vatican II marque un tournant. Il s'oppose vigoureusement à plusieurs de ses avancées : la liberté religieuse (c'est-à-dire, entre autres, la reconnaissance des autres religions et des non croyants), la nécessité d'un dialogue œcuménique et interreligieux, la place du prêtre ramenée à plus de modestie... « *À quoi bon ces sacrifices ?,* tempête alors Mgr Lefebvre. *À quoi bon le célibat des prêtres, la virginité des religieux et des religieuses ? À quoi bon le sang des missionnaires, si ce n'est pas pour la vérité, parce que le Christ est la vérité, parce que l'Église du Christ est la Vérité ?* »[12] Le concile amorce aussi une vaste réforme liturgique, avec notamment l'abandon de la messe en latin. Réforme finalisée par l'avènement de la « nouvelle messe », promulguée en

11. *Lefebvristes : le retour,* Gérard Leclerc, Éditions Salvator.
12. *Lefebvristes : le retour,* Gérard Leclerc, Éditions Salvator.

1969 par Paul VI. Ce qui fera de ce dernier le pape honni par excellence des intégristes. S'il a contresigné tous les textes de Vatican II, Mgr Lefebvre n'en conçoit pas moins une sainte colère à l'encontre de ce qui devient, de fait, une nouvelle constitution pour l'Église catholique. À la colère succède la riposte. Elle va prendre forme en deux étapes fondatrices. En novembre 1970, il dépose les statuts de la Fraternité des apôtres de Jésus et de Marie, dite Fraternité Sacerdotale Saint-Pie X. Les mots qui reviennent le plus souvent dans ces statuts officiels sont ceux de « *messe* » et de « *sacrifice* ». L'esprit qui les anime est on ne peut plus clair, comme l'indique cet extrait : « *La Fraternité est mise spécialement sous le patronage de Jésus Prêtre, dont toute l'existence a été et demeure sacerdotale et pour qui le Sacrifice de la Croix a été la raison d'être de son Incarnation. Aussi les membres de la Fraternité, pour lesquels le "Mihi vivere Christus est" est une réalité, vivent tout orientés vers le sacrifice de la Messe qui prolonge la sainte Passion de Notre Seigneur.* » La formation des prêtres et des religieux est assurée à Écône, avec l'ouverture d'un séminaire dans ce domaine situé en pleine nature, au milieu des arbres et au pied des montagnes. Il bénéficie d'une autorisation temporaire délivrée par l'évêque du diocèse. Les premiers séminaristes à y venir en nombre sont des Français. La deuxième étape a lieu quatre ans plus tard.

Mgr Lefebvre contre les « bâtards »

De plus en plus remonté contre Vatican II et ses suites, et notamment contre la diffusion de la nouvelle messe, Mgr Lefebvre publie en novembre 1974 un Manifeste qui sonne comme une déclaration de guerre : « *Nous refusons (...) et avons toujours refusé de suivre la Rome de tendance néo-moderniste et néo-protestante qui s'est manifestée clairement dans le concile Vatican II et après le concile dans toutes les réformes qui en sont issues. (...) Cette Réforme étant issue du libéralisme, du modernisme, est tout entière empoisonnée ; elle sort de l'hérésie et aboutit à l'hérésie* ». La rupture avec le Vatican est inévitable. « *Une telle Déclaration nous apparaissait en tous points inacceptable* », répond une commission chargée par le pape d'étudier le cas de la FSSPX. La Fraternité est dénoncée et fermée par Rome. Mais Mgr Lefebvre poursuit son œuvre. Il continue à ordonner des prêtres. La réplique ne se fait pas attendre : Rome lui interdit de célébrer la messe par une *suspense a divinis*, sanction rare prévue par le code de droit canonique. Cependant, il en faut plus pour arrêter Mgr Lefebvre et ses fidèles. Il lance la contre-attaque. Et choisit la France comme ligne de front. Le 29 août 1976, au Palais des foires de Lille, il officie devant plus de six mille personnes et prononce un sermon d'une rare violence contre Rome. « *Cette union voulue par les catholiques libéraux entre l'Église et la Révolution est une union adultère !*, affirme-t-il. *De cette union adultère ne peut venir que des bâtards. Et qui sont ces bâtards ? Ce sont nos rites. Le rite de la nouvelle messe est un rite bâtard. Les sacrements sont des sacrements bâtards. (...) ce qu'a fait la Révolution n'est rien à côté de ce qu'a fait le concile Vatican II, rien ! Il eut mieux valu que les 30, les 40, les 50 000 prêtres qui ont abandonné leur soutane, qui ont abandonné leur serment fait devant Dieu soient martyrisés, aillent à l'échafaud, ils auraient au moins gagné leur âme. Maintenant, ils risquent de la perdre.* » Un sermon à forte coloration politique, dans lequel il dénonce les franc-maçons et les communistes. Et fait l'éloge de la dictature du général argentin Videla, qui vient tout juste de s'emparer du pouvoir après un coup d'État. Il voit en ce régime « *un gouvernement d'ordre, qui a des principes, qui a une autorité, qui met un peu d'ordre dans les affaires* ». L'année suivante, nouveau coup d'éclat. Après les discours, l'action. Le 27 février 1977, des fidèles de la Fraternité occupent de force l'église Saint Nicolas du Chardonnet, à Paris, dans le 5ème arrondissement, entre la rue Monge et le boulevard Saint Germain. Ils chassent le prêtre pour le remplacer par un des leurs. Malgré l'arrêté d'expulsion demandé par l'archevêque de Paris, les intégristes y demeurent. Le prêtre officiant sera pendant de longues années l'une des figures de la FSSPX et des catholiques ultras, l'abbé Philippe Laguérie. En 1988, Mgr Lefebvre franchit encore un palier en ordonnant non plus des prêtres mais quatre évêques. Rome réagit à son tour de façon radicale. Le Vatican ne peut faire autrement qu'appliquer la sanction ultime : Mgr Lefebvre et ses quatre évêques sont excommuniés de l'Église catholique par Jean-Paul II. Le schisme est officiellement acté.

Pour autant, derrière la façade d'une guerre ouverte entre Rome et Écône, des tractations ont lieu en coulisses. L'artisan en est un certain Joseph Ratzinger, archevêque de Munich et préfet de la Congrégation pour la doctrine de la foi. C'est à ce titre qu'il essaie de nouer le dialogue avec les intégristes pour tenter une réconciliation. Tentative qui devient officielle lorsqu'il prend la succession de Jean-Paul II. Benoît XVI est en effet plus proche de leur vision théologique et ecclésiale. Si Jean-Paul II partageait avec les lefebvristes une forte conviction anticommuniste, ils étaient opposés sur la question du dialogue œcuménique et interreligieux. Deux des actes les plus marquants de son pontificat ont été totalement incompris et violemment dénoncés par de nombreux traditionalistes et intégristes. Le premier, c'est le rassemblement d'Assise en octobre 1986. Cette année-là, le pape invite les représentants de nombreuses religions, et pas seulement monothéistes, à prier ensemble pour la paix. Les images de bouddhistes, hindouistes et chrétiens côte à côte marquent durablement les esprits. Et creusent la division entre pro et anti-Vatican II, dont cette rencontre était un prolongement logique. Quelques semaines avant la rencontre, Mgr Lefebvre écrit une *Lettre aux évêques*, dans laquelle il s'emporte : « *Les discours et les actes de Jean-Paul II au Togo, au Maroc, dans les Indes, à la synagogue de Rome, soulèvent nos cœurs d'une sainte indignation. Que pensent de cela les Saints et les Saintes de l'Ancien et du Nouveau Testament !? Que ferait la Sainte Inquisition, si elle existait encore ? (...) Jean-Paul II va-t-il continuer à ruiner la foi catholique, publiquement, en particulier à Assise, avec le cortège des religions prévu dans les rues de la cité de saint François, et avec la répartition des religions dans les chapelles et la Basilique pour y exercer leur culte en faveur de la paix telle qu'elle est conçue à l'ONU ? C'est ce qui est annoncé par le Cardinal Etchegaray, chargé de cet abominable Congrès des Religions.* » Le deuxième point de tension concerne le judaïsme. Jean-Paul II est le pape qui décida d'établir des relations diplomatiques entre le Vatican et Israël, en 1993, et qui demanda pardon pour les crimes commis contre les juifs par des chrétiens lors d'un geste, lui aussi très marquant, devant le mur des Lamentations, en 2000. Or l'anti-judaïsme, qui frôle parfois l'antisémitisme, est assez courant dans les milieux catholiques ultras. L'un des quatre évêques sacrés par Mgr Lefebvre en 1988, Mgr Williamson, s'est distingué en janvier 2009 par une déclaration faite à la télévision suédoise dans laquelle il niait l'existence des chambres à gaz durant la Seconde Guerre mondiale... Avec l'élection de Benoît XVI, les priorités et les discours vont être différents. Fort d'une plus grande proximité avec les intégristes, ou à tout le moins de plus de compréhension réciproque, le nouveau pape fait un geste envers eux. À plusieurs reprises, et sans contrepartie. En juillet 2007, il publie un *motu proprio* qui autorise à nouveau le rite selon Saint-Pie V, dit « rite extraordinaire », qui comprend notamment la célébration en latin. En janvier 2009, il lève l'excommunication des quatre évêques de la FSSPX (Mgr Lefebvre est décédé entre-temps). Dont le fameux Mgr Williamson, qui avait tenu ses propos sur la Shoah quelques jours auparavant. Benoît XVI déclarera qu'il n'en avait pas eu connaissance avant de prendre sa décision. Puis il propose à la Fraternité une reconnaissance officielle du Vatican à travers le statut de prélature personnelle. Le geste est considérable. Mais il y a une condition préalable à cela : la reconnaissance du concile Vatican II. Fidèles à leur habitude, les lefebvristes refusent. Ils ne cèdent rien.

Forts de leur constante opposition à Rome, ils ont enfourché en 2013 un nouveau cheval de bataille : défier le pape François, dont les premiers gestes et discours leur ont fortement déplus. C'est le successeur de Mgr Lefebvre, Mgr Fellay, qui a sonné la charge, façon western, le 11 octobre 2013, dans une conférence donnée à Kansas City : « *La situation de l'Église est un vrai désastre, et ce pape est en train de la rendre dix mille fois pire. (...) Si le pape actuel continue comme il a commencé, il va diviser l'Église. Il fait tout exploser. Les gens vont finir par dire : c'est impossible qu'il soit le pape, nous ne voulons pas de lui.* » Heureusement que les disciples de Mgr Lefebvre sont là, eux, pour rassembler l'Église...

Bayonne est à la fête

« *Cette Église qui n'ose plus descendre dans les rues comme au temps des antiques processions, un évêque la brave sans aucun complexe, puisque c'est sa mission de prince de l'Église de guider son troupeau au devant du danger. Cet évêque courageux, dont j'ai eu le bonheur d'embrasser l'anneau pastoral à la dernière grande Manif pour Tous nationale du 26 mai dernier, c'est Monseigneur Marc Aillet* » : ce texte est extrait d'un article du site *Le Rouge et le noir*, proche des traditionalistes et du Front national (voir le répertoire en fin d'ouvrage). L'évêque de Bayonne fait régulièrement parler de lui, dans son diocèse et au-delà. Sans doute conscient de faire plutôt dans la manière forte, il signe son compte Twitter « MgrMaillet ». Fils de militaire, ancien scout d'Europe, il officie plusieurs années dans le diocèse de Fréjus-Toulon (voir chapitre suivant). Pendant sept ans, il est curé de Saint-Raphaël. Puis il est nommé évêque de Bayonne en 2008, à 51 ans. Assez vite, son diocèse connaît des remous. En décembre 2009, une paroissienne de l'église Notre-Dame de l'Assomption, à Bayonne, constate que ses filles de 9 et 10 ans ne sont plus appelées par le prêtre pour faire partie des enfants de chœur. Elle porte plainte auprès de l'évêque. Mgr Aillet lui écrit une longue réponse... pour justifier l'exclusion du sexe féminin du service de la messe[13]. Son principal argument : l'enfant de chœur est avant tout un futur prêtre. Il ne faudrait donc pas, selon lui, perturber les jeunes vocations en mélangeant filles et garçons... Voici des extraits de son texte : « *la participation des femmes et des filles au service de la liturgie* » est soumise « *à l'autorisation de l'évêque pour son diocèse, restant sauve l'obligation de constituer des groupes de garçons servants d'autel "qui ont permis le développement encourageant des vocations sacerdotales" ; Jean-Paul II appelait ces groupes un "pré-séminaire" (...) Restant sauve aussi la liberté du curé, même en cas d'autorisation de l'évêque, de privilégier des groupes de garçons servants d'autel. (...) J'ajouterai que nous nous situons ici au cœur d'un grand débat anthropologique, à l'heure où l'on*

13. Exclusion d'ailleurs érigée en principe par l'Église catholique, même si elle n'est guère suivie dans la pratique : l'évêque « *ne peut pas obliger les prêtres du diocèse à faire appel aux femmes ou aux filles pour le service de l'autel* », selon un texte de la Congrégation pour le culte divin (voir l'article « Pas de filles à l'autel ! », *Témoignage Chrétien*, 3 décembre 2009).

assiste à la diffusion massive de la fameuse théorie dite du "gender", pour qui la différenciation entre l'homme et la femme est une discrimination. Je réponds : non à la différence interdite ! » En 2012-2013, Mgr Aillet devient un ardent militant anti-mariage pour tous. Durant les manifestations, il appelle explicitement ses fidèles à descendre dans la rue. Et pour bien faire passer ses messages, l'évêque s'est adjoint les services d'un jeune chargé de communication, Thibault Luret. Cet adepte des nouvelles technologies est, comme son patron, coutumier des formules choc et des aveux décomplexés. On pouvait ainsi lire récemment sur son compte Twitter : « *dans réaction il y a action, dans intégristes, il y a intègre* ». Ou encore, de façon plus sobre et directe : « *Hollande démission* ».

Mgr Aillet s'est également distingué, au-delà des frontières de son diocèse, par son soutien aux traditionalistes de l'église Saint-Eloi, à Bordeaux. Depuis 2002, elle est occupée illégalement par l'institut du Bon Pasteur dirigé par l'abbé Laguérie, ancien de la Fraternité Saint-Pie X[14]. En 2010, Mgr Aillet y ordonne deux diacres et deux sous-diacres de l'institut du Bon Pasteur, selon le rite extraordinaire. En septembre 2011, il nomme dans son diocèse l'un des prêtres de ce même institut. En mai 2011, il va jusqu'en Allemagne, à Wigratzbad (Bavière), pour ordonner quatre diacres de la fraternité sacerdotale saint Pierre, une communauté traditionaliste créée en 1988 en Suisse. Quelques semaines plus tard, c'est dans l'un des fiefs bien connus des traditionalistes et de l'extrême-droite, l'abbaye du Barroux (84), que Mgr Aillet ordonne quatre diacres.

14. En 2002, la mairie de Bordeaux autorise une association de traditionalistes à occuper l'église Saint-Eloi. Suite à un recours devant le tribunal administratif de l'archevêque du diocèse, Mgr Ricard, cette décision est annulée. Annulation confirmée par le Conseil d'État en 2005. Ces décisions de justice n'ont jamais été appliquées.

L'évêque baroudeur n'hésite pas à franchir les océans pour mener ses combats : le 1er novembre 2013, il est à Washington, coiffé d'un béret basque, pour militer aux côtés d'un collectif américain anti-IVG, « 40 days for life ». Le principe est d'organiser des actions de 40 jours « *par la prière pacifique et obstinée, le jeûne, les sacrifices* », devant les centres d'avortement. En récitant des phrases telles que « *Le Christ nous demande de chasser le diable par la prière* ». Selon ce collectif, la dernière campagne aurait « *sauvé* » 476 bébés, ce qui ferait un total, avec les campagnes précédentes, de 8012 bébés... Au journaliste de *Sud Ouest* qui l'interroge sur les réactions de surprise et de protestation suscitées par ce voyage dans le diocèse, le chargé de communication de l'évêque répond : « *Rassurez-vous, si l'évêché brûle, il sera joignable.* » La liste des exploits de Mgr Aillet est tellement longue qu'un prêtre du diocèse, Michel Oronos, exaspéré par son évêque, en a fait un livre-réquisitoire publié en février 2013 : *Enfin, Dom Aillet vint* (éditions Zorztziko). La première édition a été épuisée en quelques jours...

Toulon n'est pas en rade

Avant de devenir prélat, Dominique Rey a fait partie d'une autre élite : les inspecteurs des finances. Doctorat d'économie fiscale en poche, il travaille au ministère de l'Économie de 1976 à 1979. Puis bifurque vers la théologie. C'est au sein de la communauté de l'Emmanuel qu'il est ordonné prêtre en 1984. Il devient évêque de Fréjus-Toulon seize ans plus tard. Dès lors, il déploie son énergie dans deux directions. La première, religieuse, en insistant sur le rôle missionnaire et prosélyte des prêtres de son diocèse, avec un net penchant pour les courants traditionalistes et intégristes. La seconde, politique, en contestant les lois et propositions de loi considérées comme « *antichrétiennes* ». Concernant ce dernier point, Mgr Rey mène avec obsession un combat contre le droit à l'avortement. Il use pour cela d'une rhétorique radicale : « *Oui, l'Église ne peut que protester lorsqu'offense est faite à la vie humaine dès sa conception, dans le sein de sa mère. Elle proteste pour ces 220 000 avortements pratiqués chaque année en France, et qui tendent peu à peu à devenir un moyen contraceptif. (...)* ». Il incite les médecins à refuser de donner la pilule à leurs patientes, invoquant pour cela le principe de désobéissance civile et comparant l'avortement au nazisme : « *La notion d'objection de conscience prend toute sa légitimité lorsque le citoyen ou le professionnel est confronté au divorce entre la loi civile et la morale chrétienne. Ce qui est légal n'est pas toujours moral. Dans un passé récent, nous savons bien que l'idéologie nazie s'est imposée par la voix des urnes.* »[15] Il use du même type de rhétorique extrême pour dénoncer le mariage pour tous : « *La démocratie qui fait alliance avec le relativisme éthique risque de consacrer le règne de l'arbitraire et de se transformer en un totalitarisme sournois ou déclaré (...) Affirmer qu'il est impossible de s'opposer à une loi votée par un parlement sous peine de "péché contre la démocratie" relève de l'ignorance ou de l'imposture. La source du droit ne réside pas dans la décision d'une majorité.* » Sans jamais aller au bout de son raisonnement, Mgr Rey donne à qui veut l'entendre tous les arguments d'un engagement antidémocratique et anti-républicain. Un militant d'extrême droite ne peut que boire de telles paroles.

Pour diffuser ses prises de position politiques, Mgr Rey s'est entouré d'un aréopage hétéroclite. Des religieux et des laïcs qui savent manier le verbe et n'hésitent pas à franchir les

---

15. « Mgr Rey sur l'objection de conscience », *Le Salon beige*, 17 décembre 2007.

limites auxquelles sa fonction et son audience le cantonnent. Parmi eux, Mgr Molinas, vicaire général de Toulon. Au printemps 2012, il est épinglé par la Ligue des Droits de l'Homme et soulève une vague de protestations dans la région. La cause ? Une homélie, prononcée le 26 mars, dans laquelle il exprime sa nostalgie de l'Algérie française. En voici quelques extraits : *« L'Algérie Française a connu la trahison »*, *« 1962, l'Algérie connaît des journées terrifiantes, notre petit peuple lutte de toutes ses forces »*, *« On négocie avec les égorgeurs »*, etc. Par la voix de son secrétaire particulier, le président de la Conférence des évêques de France, Mgr Vingt-Trois, condamne ces propos : *« les termes de l'homélie sont pour le moins étonnants et n'ont pas leur place dans une liturgie eucharistique. »* Mgr Rey, lui, les approuve par son silence.

Jamais à court d'idées, l'évêque de Fréjus-Toulon a créé un Observatoire sociopolitique, chargé d'organiser des conférences et de publier des points de vue sur des sujets d'actualité. Au sein de cet Observatoire, certains n'hésitent pas à se lâcher. De façon anonyme, comme l'auteur qui signe « mouche du coche », ou décomplexée, comme Falk Van Gaver et le Père Louis-Marie Guitton. Homosexualité, islam, démocratie... tout y passe ! (voir les citations en fin de livre). Autre personnalité en vue : le responsable de la commission bioéthique et vie humaine du diocèse, Pierre-Olivier Arduin. Très présent dans les milieux catholiques ultras, il enchaîne les conférences et publie régulièrement articles et essais. Il ne fait par ailleurs aucun mystère de ses engagements politiques. Délégué départemental pour le Var du Forum des Républicains Sociaux de Christine Boutin (devenu ensuite Parti Chrétien Démocrate), il en a démissionné quand cette dernière s'est ralliée à l'UMP en 2002. En 2004, il est candidat aux élections européennes sur la liste d'Alliance Royale, mouvement royaliste proche de l'extrême droite. En 2006, il est élu « *catholique laïc de l'année* » par le site *Le Salon beige*, lui aussi proche de l'extrême-droite. Enfin, pendant la campagne présidentielle de 2012, il apporte son soutien à la proposition de Marine Le Pen de dérembourser les « avortements de confort ».

Si l'évêque de Toulon appelle les catholiques à descendre dans la rue pour s'opposer au mariage pour tous, il ne le fait guère en revanche pour appeler à défendre les droits des étrangers, protéger l'environnement ou dénoncer les dérives financières de l'économie. Sur la question économique, il semble même se satisfaire du système actuel : « *Il n'y a pas de modèle de société chrétienne, livrée clef en main, en alternative au libéralisme.* »[16] Sur les cent soixante textes de l'Observatoire socio-politique publiés sur le site Internet du diocèse, plus d'une centaine parlent du mariage gay, de la famille ou de l'avortement. Huit parlent d'écologie, un seul de la pauvreté et un autre de l'accueil des migrants. Ce qui nous donne un tableau assez précis de la vision du monde qu'a Mgr Rey. L'évêque de Fréjus-Toulon fait également partie de ceux qui, dans un esprit complotiste assez poussé, voient dans les malheurs du pays l'influence non seulement d'un lobby homosexuel[17] mais aussi d'un lobby franc-maçon : « *Par l'entremise de cercles de pensées et de réseaux d'influence, certains projets de loi votés par le parlement ont été préparés dans le silence des couvents maçonniques* »[18]. Le deuxième axe d'activisme de Mgr Rey, à côté

16. « Nous portons des valeurs universelles », *Var Matin*, 24 décembre 2012.

17. Dans un entretien accordé au site *Nouvelles de France* (le 15 septembre 2012), à la question « *Considérez-vous qu'il existe un lobby homosexuel ?* », il répond : « *Ce qui est sûr, c'est qu'il y a des homosexuels à différents niveau du pouvoir politique et que cette présence n'est pas neutre.* »

18. « L'Église et la franc-maçonnerie », *Le Nouvelliste*, 23 février 2008.

de la politique, c'est le domaine religieux, catholique. Depuis qu'il a pris les rennes du diocèse de Fréjus-Toulon, il en a fait une véritable terre de mission. Il a d'ailleurs dynamisé le séminaire de la Castille au point d'en faire l'un des tout premiers de l'hexagone en nombre d'ordinations.

Mgr Rey développe, de façon paradoxale, une ligne théologique très centrée sur le spirituel et la Tradition, avec une prédilection pour la prière et l'adoration, alors même qu'il ne cesse d'intervenir dans le domaine du temporel, avec ses fréquentes prises de position politiques. Le journaliste Jean Sévilla, dans un reportage empathique du *Figaro,* a clairement défini le type de spiritualité prônée dans le séminaire du diocèse : « *(...) à la Castille, charismatiques et "tradis" cohabitent fraternellement* »[19]. L'évêque lui-même a été membre d'un des plus importants mouvements charismatiques, la Communauté de l'Emmanuel, avant d'être nommé évêque[20]. À ce titre, il a

19. « La jeunesse de Dieu », *Le Figaro,* 21 mars 2008.

20. Voici comment l'Église de France définit ce courant que l'on désigne de différentes façons (Renouveau charismatique, Mouvement charismatique, Communautés nouvelles, Néo-pentecôtisme), présent chez les catholiques comme chez les protestants : « *Ce nouvel élan se manifeste surtout par de grands rassemblements qui se déroulent dans une ambiance émotionnelle forte et avec des phénomènes comme des guérisons, des "repos dans l'Esprit" (état de paix, de sérénité et d'abandon), des spasmes, des rires... La Parole y est annoncée par divers orateurs, catholiques, réformés, évangéliques... (...) Au début, semble-t-il, on y trouvait surtout des jeunes ; actuellement, il y a des personnes de tous les âges. Les échos que nous en avons sont divers, selon les personnes : depuis les enthousiastes qui rapportent des fruits positifs jusqu'aux plus sceptiques qui en sortent troublées. Ce qui amène parfois des tensions dans les groupes de prière ou les communautés.* » (Entretien avec Mgr Joseph Boishue publié sur le site de la Conférence des évêques de France, à propos du livre *Les nouveaux courants charismatiques,* Bayard-Cerf-Fleurus). Les principaux mouvements sont la Communauté du Chemin neuf, la Communauté des Béatitudes, la Communauté de l'Emmanuel, Communion et Libération, la Communion des communautés de Béthanie, Fondacio.

notamment été curé d'une de leurs plus grosses paroisses, celle de la Sainte Trinité, dans le 9ème arrondissement de Paris, de 1995 à 2000. Pour développer la présence des charismatiques, qui séduisent de plus en plus de jeunes catholiques, il les invite généreusement à s'installer dans son diocèse. Pas moins d'une cinquantaine de communautés s'y sont installées en une dizaine d'années. Il n'hésite pas à franchir les frontières pour mener ses opérations de recrutement, jusqu'en Amérique du Sud. C'est par exemple sur ce continent qu'il a découvert la Fraternité Saint Joseph, Gardien. Créée au Chili en 2002, elle se définit ainsi : « *Notre but est le salut des âmes de tous les hommes dans une vie fondée sur la contemplation et l'enseignement de la vérité révélée, vécue et célébrée dans la Sainte Liturgie de l'Église.* » Un de ses prêtres a été nommé à la paroisse de La Londe des Maures, dans le Var. On compte aussi une dizaine de communautés brésiliennes. D'autres ont été créées *ex nihilo,* sur la seule volonté de l'évêque, à l'image des Missionnaires de la miséricorde divine, en septembre 2005. Selon la présentation qu'en font ses membres, elle aurait été fondée par six jeunes, un matin... sur une plage de Toulon. Plus surprenant encore, cette communauté se donne une mission prioritaire : convertir des musulmans. Chaque nouveau membre doit, lors de sa consécration, prononcer une prière qui comprend notamment cette phrase : « *Avec vous, je veux communier toujours plus profondément aux Missionnaires de la Miséricorde, en m'ancrant dans la Miséricorde divine, dans l'adoration eucharistique et en étant porté par le désir de Mission, d'abord auprès des musulmans.* » En janvier 2014, cette communauté comptait trois prêtres, deux diacres et neuf séminaristes. L'évêque s'est également distingué en important une initiative développée récemment par les protestants évangéliques, la « cellule paroissiale d'évangélisation ». Elle consiste à inviter des amis, parents ou collègues, croyants ou non croyants, à se retrouver une fois par semaine pour un temps de prière. Avec un objectif clairement affiché par le père Arnaud Adrien, supérieur du séminaire de Toulon et responsable des Cellules paroissiales d'évangélisation francophones : « *Il faut que la paroisse devienne missionnaire.* »[21] La méthode est simple, précise-t-il : « *Elle est fondée sur l'adoration eucharistique. Nous invitons les chrétiens d'une même paroisse à adorer le Seigneur dans son Saint-Sacrement 24 heures sur 24 et sept jours sur sept.* » Il incite d'ailleurs tous les paroissiens de France à la proposer à leur curé. Et si ce dernier est réticent, le père Adrien a son secret : « *Il faut beaucoup prier. Ensuite, il faut inviter le curé à sa table avec une bonne bouteille de vin* » !

Le mouvement charismatique si cher au cœur de Mgr Rey, pour dynamique et convivial qu'il soit, se retrouve régulièrement dans les pages « faits divers ». L'une des organisations les plus importantes du mouvement, la Communauté des Béatitudes, fait depuis 2007 l'objet de plaintes devant la justice pénale et auprès du Vatican, à propos de dérives sectaires et d'agressions sexuelles sur mineurs[22]. Faits reconnus par la Communauté, qui a publiquement demandé pardon, et dont le fondateur, Frère Ephraïm, et certains de ses proches ont été réduits à l'état laïc par le Vatican. En 2011, c'est une autre communauté nouvelle qui a été jugée par les instances judiciaires internes de l'Église catholique. Le tribunal ecclésiastique de Lyon a condamné le fondateur des Points Cœur, le père

21. « Pour des paroisses missionnaires », *Famille chrétienne*, 2 juillet 2009.

22. C'est la revue *Golias* qui révéla pour la première fois les pratiques de harcèlement de la communauté des Béatitudes, en publiant en 2007 le témoignage d'un de ses anciens membres, Pascal Michelena : *Les Marchands d'âmes. Enquête au cœur des Béatitudes : les thérapies chrétiennes en question.*

Thierry de Roucy, pour abus sexuels[23]. Or le département dans lequel cette organisation est le plus implantée, avec une paroisse sur ses quatre françaises, et deux prieurés, c'est... le Var, où Mgr Rey l'a accueillie en 2008. Dès 2005, la Conférence des évêques de France avait publié un document interne pour prévenir des dérives sectaires du mouvement charismatique : « Des rapports du psychologique et du spirituel dans les communautés : des confusions à éviter ». Il était notamment écrit : *« Face à des situations récentes, dans certaines communautés, nous avons été amenés à constater les conséquences graves que peut entraîner la confusion du plan spirituel et du plan psychologique (...) processus – dit "processus psycho-spirituel" – qui, en confondant psychique et spirituel, met en péril la liberté requise pour l'engagement de l'individu en communauté, et donc la vie communautaire elle-même. »* Trop occupé sans doute à dénoncer l'avortement et le lobby franc-maçon, il semblerait que Mgr Rey ne lise pas très attentivement la prose de ses frères évêques...

Paris vaut bien une messe... en latin

L'élection du pape Benoît XVI, le 19 avril 2005, annonça un pontificat de restauration. C'est peut-être pour ne pas s'écarter de la ligne fixée par leurs aînés cardinaux que les évêques de France choisissent à leur tête, le 5 novembre 2007, l'archevêque de Paris, André Vingt-Trois. Jusque-là, il ne s'était pas vraiment distingué par des prises de position singulières. Et n'était connu que pour avoir été l'ombre de son prédécesseur à la tête du diocèse de Paris, le cardinal Lustiger. Cela promet-

23.« Le fondateur de Points Cœur reconnu coupable d'abus sexuel », *La Croix*, 9 avril 2013.

tait une présidence aussi discrète et silencieuse que la plupart des précédentes. L'histoire en décida autrement. Le mandat de Mgr Vingt-Trois à la tête des évêques de France restera l'un des plus chaotiques. Notamment en raison de ses prises de position les plus extrêmes, favorables aux courants identitaires. Et souvent liées à l'actualité politique. Deux éléments doivent être cités au préalable à la décharge de Mgr Vingt-Trois. D'une part, s'il se rapprocha des points de vue traditionalistes, il condamna avec constance les mouvements intégristes. D'autre part, il fut parfois difficile de savoir si ses déclarations étaient le reflet de convictions profondes... ou d'une maladresse élevée au rang de grand art. Toujours est-il que sous sa présidence, les tenants de la tradition et de la restauration se sont sentis compris et soutenus comme rarement auparavant. Et beaucoup plus que les catholiques d'ouverture. Avant de rappeler certains épisodes tumultueux de son mandat, il est instructif de se pencher sur son parcours.

En 1969, le futur archevêque fait ses débuts comme vicaire dans une paroisse parisienne réputée pour être très proche des catholiques ultras : Sainte-Jeanne de Chantal, dans le 16ème arrondissement. Son curé n'est autre que Jean-Marie Lustiger. Lorsque ce dernier devient archevêque de Paris en 1981, il entreprend un travail de mise en confiance avec les traditionalistes. Par exemple en laissant les lefebvristes occuper illégalement l'église Saint Nicolas du Chardonnet, dans le 5ème arrondissement, qu'ils ont investie en 1977. Ou en diffusant une théologie très traditionnelle à travers la création de différents supports - une faculté théologique (École cathédrale), une télévision (*KTO*), une radio (*Radio Notre-Dame*) – et l'installation de communautés nouvelles, la nomination de prêtres et d'enseignants, l'exclusion d'autres, etc. Ce qui ne l'a pas empêché d'être un des prélats les plus haïs par ces courants, qui ne voyaient souvent en lui qu'un « juif converti ». Sans doute d'ailleurs avait-il dans l'idée de laisser une place à ces remuants fidèles non par adhésion totale à leur vision du monde mais pour mieux les apprivoiser. Toujours est-il que contrairement aux courants progressistes qu'il a toujours ignorés, les traditionalistes et les intégristes ont trouvé bon accueil à Paris sous son règne. Mais s'il décidait de la stratégie à mener dans son diocèse, il n'en était pas le maître d'œuvre. Ce travail revenait à celui qui a été son plus proche collaborateur pendant dix-huit ans, comme vicaire général puis comme évêque auxiliaire : André Vingt-Trois.

S'il y a un talent que l'archevêque de Paris n'a pas hérité de son prédécesseur et mentor, c'est l'art de la communication. Son premier coup d'éclat à la présidence de l'épiscopat a lieu le 6 novembre 2008 sur l'antenne de Radio Notre-Dame. Il est interrogé par un journaliste sur le manque de reconnaissance des femmes par l'Église catholique, notamment au regard du peu de responsabilités qu'elles ont dans l'institution. Le cardinal Vingt-Trois répond : « *Le tout n'est pas d'avoir une jupe, c'est d'avoir quelque chose dans la tête.* » Outre la grossièreté du propos, semblant tout droit sorti d'une fin de banquet bien arrosée, il conforte sur le fond une vision très passéiste des femmes, défendue par les catholiques les plus réactionnaires. Ces derniers se réfèrent volontiers à certains passages de la Bible édifiants – surtout si on ne les remet pas en contexte – tels que ces extraits de Saint Paul (Éph 5, 22-25, 33) ou de la Genèse (1 Tim 2, 13-14 ; 15) cités par le pape Pie XII dans son « Allocution aux jeunes mariés » du 10 septembre 1941 : « *Que les femmes soient soumises à leur mari comme au Seigneur ; car le mari est le chef de la femme, comme le Christ est le chef de l'Église.* », « *Épouses et mères chrétiennes, que jamais ne vienne à vous saisir la soif d'usurper le sceptre familial !* ». L'évocation du vêtement féminin n'est pas innocente : le passage de la jupe au pantalon a été vécu par certains comme le début de la décadence occidentale (voir la partie citations en fin de livre). Suite à ces déclarations, deux intellectuelles catholiques, Christine Pedotti et Anne Soupa, décident de créer une association dont le but est de faire reconnaître à sa juste valeur la place des femmes dans l'Église. Elles la nomment « Le comité de la Jupe ». Quelques mois plus tard, une autre déclaration de Mgr Vingt-Trois permet de donner à leur initiative un objet et une audience encore plus larges. Le 5 mars 2009, un archevêque brésilien excommunie une jeune femme de 23 ans. Son tort ? Avoir encouragé sa fille à avorter. Précisions : la fille en question a 9 ans et est tombée enceinte de jumeaux après avoir été violée par son beau-père. Ce dernier a reconnu les faits, précisant qu'il la violait depuis l'âge de 6 ans... Assez vite, de très nombreux catholiques condamnent la décision de l'archevêque de Recife, et parmi eux des évêques français. À quelques exceptions près, dont l'évêque de Fréjus-Toulon, Mgr Rey. Le 15 mars il publie une déclaration qui dénonce... la malveillance des médias : « *La manière dont cette affaire a été souvent rapportée et traitée travestit l'objectivité des faits, et instrumentalise un drame particulier.* » Le même jour, Mgr Vingt-Trois fait une déclaration plutôt ambiguë sur Radio Notre-Dame, reprenant certains arguments des intégristes. Qui s'empressent de la diffuser sur leurs sites, *Le Salon beige* notamment. Au micro, l'archevêque de Paris ne condamne pas l'excommunication... mais sa médiatisation. Il va même jusqu'à suggérer une manipulation politique : « *l'excommunication qui est liée à l'avortement - comme toute excommunication d'ailleurs - est effective (...) on peut se demander si dans une situation de détresse de ce type, la chose la plus importante à faire soit de déclarer publiquement l'excommunication. (...) Il y a une médiatisation sur place qui fait partie d'un débat politique interne au Brésil. Cette médiatisation s'est étendue à l'échelon universel pour des raisons de sensibilité - car beaucoup de gens trouvaient que c'était une mesure inhumaine - et aussi pour des raisons tactiques qu'il ne faut pas oublier.* » Les fondatrices du Comité de la Jupe bondissent à nouveau en écoutant les propos de Mgr Vingt-Trois – qui est revenu, entre-temps, sur sa déclaration machiste. Et comme beaucoup, elles sont bouleversées par cet épisode brésilien, auquel s'ajoute à la même période celui de la réintégration par Benoît XVI de quatre évêques intégristes dont un, Mgr Williamson, avait tenu des propos négationnistes. Elles décident alors de transformer leur association en un mouvement plus large d'interpellation de l'Église, la Conférence des Baptisé-e-s de France. Elle connaît immédiatement un large succès, qui ne s'est pas démenti depuis.

Deux ans plus tard, une affaire franco-française mobilise et divise à nouveau les catholiques. En novembre 2011 les militants intégristes de Civitas manifestent à Paris contre la pièce de Romeo Castellucci, *Sur le concept du visage du fils de Dieu*, donnée au Théâtre de la Ville, et contre celle de Rodrigo Garcia, *Golgota Picnic*, donnée au Théâtre du Rond-Point (voir la deuxième partie). Leur principal argument est la dénonciation du blasphème dont feraient preuve ces pièces. Si Mgr Vingt-Trois dénonce Civitas en présentant ses membres comme « *un groupuscule lefebvriste qui fait de la foi un argument de violence* » et qui ne dispose « *d'aucun mandat pour défendre l'Église* », il approuve leur démarche sur le fond. En clôture de la réunion annuelle des évêques à Lourdes, le 9 novembre 2011, il déclare comprendre « *le trouble de beaucoup devant des œuvres difficiles à interpréter* » et appelle à « *une réflexion sérieuse sur notre rapport avec des créations culturelles dont les intentions ou les réalisations offusquent notre amour du Christ* ». Son dernier coup d'éclat, en tant que président de la Conférence des évêques, a lieu pendant les manifestations contre le mariage pour tous. Si la position de l'Église est, de façon assez attendue, de s'opposer au projet de loi Taubira, l'attitude de Mgr Vingt-Trois, elle, dépasse de loin ce que l'on attend de sa fonction. Pour l'ouverture de l'assemblée des évêques, à Lourdes, le 3 novembre 2012, il prononce un discours d'une grande violence. Il dénonce « *la pression ostentatoire de quelques lobbies* », qualifie le projet de loi de « *supercherie* », et parle même de « *barbarie* ». Dans son discours de clôture, le 8 novembre, il appelle à la mobilisation générale « *pour s'opposer au projet du gouvernement* », et incite les croyants à descendre dans la rue : « *Que les catholiques de notre pays sachent que leurs évêques les encouragent à parler, à écrire, à agir, à se manifester.* » Quelques semaines plus tôt, il prend tout le monde de surprise en annonçant, la veille du 15 août, qu'il fera lire dans les églises, pour la fête de l'Assomption, une « *prière pour la France* ». Non seulement le titre fleure bon le national-catholicisme, mais un passage fait sursauter beaucoup de paroissiens. Il appelle, dans ce texte, à prier pour que les enfants puissent « *bénéficier pleinement de l'amour d'un père et d'une mère* ». La Conférence des baptisé-e-s de France exprime aussitôt sa désapprobation. Et critique une prière qui méconnaît « *la diversité des catholiques* ». Elle est en revanche saluée le 15 août même dans le quotidien d'extrême-droite *Présent*, par Jean Madiran, pétainiste et intégriste assumé : « *L'acte décisif du cardinal Vingt-Trois pour l'Assomption 2012 a été la rupture avec le demi-siècle d'une liturgie qui s'est voulue apatride (...) Cet acte décisif du cardinal rend une existence liturgique à la prière adressée à Notre-Dame de l'Assomption en sa qualité de patronne surnaturelle de la France. Les anomalies, bizarreries et déficiences qui subsistent autour ou à l'intérieur de cet acte décisif n'arrivent pas à en annuler la portée, il rétablit la vali-*

dité officielle d'une tradition et la célébration d'un patronage. » Les évêques de France se seraient sans doute passés d'un tel hommage au premier d'entre eux...

QUATRIÈME PARTIE

Soutiens et relais politiques

FN : le schisme

Le FN est depuis son origine un agrégat de courants les plus hétérogènes. Ce parti, devenu l'un des premiers de France, est régulièrement secoué par de violentes querelles de chapelles. Il suffit parfois d'un mot pour créer la panique. Depuis l'accession de Marine Le Pen à sa tête, ce mot, c'est « laïcité ». C'était déjà le cas lors du premier schisme, en 1998, suscité par Bruno Mégret. Face au refus de Jean-Marie Le Pen de s'allier aux partis de droite plus « classiques », son numéro 2 claqua la porte et entraîna avec lui une grande partie des élus et des cadres. Il créa le Mouvement National Républicain (MNR). Outre le désir de devenir des notables comme les autres, les dissidents mégrétistes portaient un regard très critique sur les courants catholiques traditionalistes et intégristes du FN. Ces derniers y étaient devenus très influents dans les années 1980. Leur chef de file, Bernard Antony, était l'un des rares théoriciens du parti, doublé d'un activiste très performant à la tête de groupuscules tels que l'Agrif (Alliance Générale contre le Racisme et pour le Respect de l'Identité Française et chrétienne) et Chrétienté-Solidarité. Les mégrétistes, eux, souhaitaient faire de l'adhésion à la laïcité un point de ralliement des électeurs. Leur tentative a été stoppée net par une arme de destruction massive : l'élection présidentielle. Le 21 avril 2002, la qualification historique de Jean-Marie Le Pen pour le second tour efface le MNR du paysage politique. Dix ans plus tard, par un incroyable coup du sort, c'est la fille du chef, Marine Le Pen, qui réalise le projet de Mégret (que Jean-Marie Le Pen qualifiait de « Brutus »)... Entre-temps Bernard Antony a quitté le navire, et d'autres cadres avec lui. Les références catholiques ont en effet été progressivement supplantées par l'invocation de la laïcité. Cette mutation dogmatique a connu trois temps forts.

Le premier, c'est la victoire de Marine Le Pen face à Bruno Gollnisch, le 16 janvier 2011, pour succéder à Jean-Marie Le Pen. Or Bruno Gollnisch, après le départ de Bernard Antony, reste le principal représentant des catholiques ultras au sein du parti. Il participe régulièrement à des célébrations et conférences organisées par les intégristes de Saint Nicolas du Chardonnet ou de la Fraternité Saint-Pie X. Avec sa défaite, c'est aussi ce courant qui essuie un coup dur. Ensuite, et c'est sans doute l'étape déterminante, il y a le renversement complet d'argumentation à propos de l'islam. Sous le règne de Le Pen père, les musulmans sont vus comme des étrangers qui viennent à la fois prendre le travail des Français et saper une culture chrétienne multiséculaire. D'où l'importance, dans le discours et la symbolique du parti, de personnages comme Clovis ou Jeanne d'Arc. Marine Le Pen abandonne progressivement cette dialectique pour lui en substituer une autre : l'islam est un danger parce qu'il menace la laïcité. Le but de cette opération est de récupérer des voix à gauche. Elle va de pair avec l'autre tournant idéologique du parti (dans les discours du moins), passé de l'ultralibéralisme à l'antilibéralisme. Cette laïcité, traditionalistes et intégristes la combattent. Un épisode de 2010 résume à lui seul le virage stratégique de

Marine Le Pen. Cette année-là, en décembre, elle dénonce les prières de rue des musulmans dans certains quartiers de Paris, en parlant d'« occupation ». L'expression crée un scandale, et tous les médias se tournent vers elle. Elle évacue alors la polémique et développe tranquillement son argumentaire laïque. Comme au micro de *RTL*, dans l'émission dominicale « Le Grand Jury », le 20 décembre. Morceaux choisis : « *Le principe de laïcité est essentiel* », « *Vous nous expliquez que, pour résoudre une violation très grave de la laïcité, il faudrait très gravement violer la laïcité en finançant publiquement des mosquées !* » (réponse à un journaliste qui l'interrogeait sur le financement des mosquées). Et alors qu'on lui demande quelles sont ses priorités pour l'élection présidentielle de 2012, elle répond, dans l'ordre : « *la laïcité* », « *l'immigration* », « *l'insécurité* », « *l'économie* » et « *la sortie de l'euro* ». Depuis, la laïcité demeure une priorité. Il suffit, pour s'en convaincre, de lire les communiqués de presse du FN, dont certains ont dû faire sursauter quelques abbés d'extrême droite : « *Une nouvelle loi s'impose pour promouvoir la laïcité* », « *Pour contrer les revendications religieuses dans l'entreprise : il faut une loi* », « *Tout comme le racisme, l'intégrisme religieux n'a pas sa place dans le sport* », etc. Troisième temps fort enfin, et qui provoqua des poussées d'urticaire chez de nombreux militants : l'absence de participation de Marine Le Pen et des principaux dirigeants du FN aux manifestations anti-mariage pour tous de 2012 et 2013.

Bien qu'elle se soit prononcée contre cette loi, annonçant qu'elle l'abrogerait si elle arrivait au pouvoir, Marine Le Pen a été particulièrement discrète durant les longs mois de mobilisation catholique. Elle n'a participé à aucune des manifestations qui se sont enchaînées. Elle a même poussé l'hérésie jusqu'à se déclarer « *favorable à l'amélioration du Pacs notam-*

ment sur le plan de la transmission patrimoniale »[1]. Or le thème de l'homosexualité, à travers la question du mariage comme celle de l'adoption, est un marqueur identitaire très fort chez les catholiques ultras. Rendus furieux par ce tournant idéologique, des figures du parti claquent violemment la porte. En 2009, c'est Carl Lang. Ancien secrétaire général du FN, conseiller politique influent de Jean-Marie Le Pen et considéré un temps comme prétendant possible à sa succession, il quitte le paquebot (nom donné au siège du FN) et crée le Parti de la France. Il a, depuis, les faveurs de nombreux mouvements intégristes, dont Civitas. L'association publiera sur son site un long entretien réalisé avec lui, le 13 mars 2012. Il y déclare notamment : « *Contrairement à ce que prétendent les politiciens de la Ve République, depuis Mélenchon jusqu'à madame Le Pen, notre identité nationale est fondée non pas sur l'idéologie laïque de la IIIe République, mais sur quinze siècles de Chrétienté.* » Des figures importantes du FN participent à la fondation de son parti. À commencer par Bernard Antony (qui le quitte un an plus tard), Martine Le Hideux, Martial Bild ou encore Roger Holeindre, compagnon de route historique de Jean-Marie Le Pen. Roger Holeindre commente ainsi son départ du FN : « *Comment peut-on faire une politique pour l'avenir de la France, et pour l'avenir de l'Europe, en oubliant (...) que la France est une terre chrétienne, que la France a été la fille aînée de l'Église !?* »[2] Beaucoup plus surprenant, il explique que l'abandon des références catholiques traditionnelles du FN trouve sa cause dans l'entourage de Marine Le Pen et plus précisément dans l'existence d'un « *lobby gay* » à la direction du parti. Le sujet fera d'ailleurs la Une de l'hebdomadaire *Minute,* le 2 janvier 2013 :

1. « Service minimum pour Marine Le Pen », *Le Figaro,* 24 mai 2013.

2. « Roger Holeindre s'explique sur son départ du FN », *Présent,* 22 janvier 2011.

« *Question taboue : existe-t-il un lobby gay au FN ?* ». Dans l'entretien délirant qu'il accorde au journal d'extrême-droite, Roger Holeindre rapporte l'échange qu'il a eu avec Jean-Marie Le Pen pour lui annoncer qu'il partait. À la question que lui posa le président d'honneur du FN, « *Pourquoi tu t'en vas ?* », il répondit : « *Parce que ta fille à qui t'as donné le parti ne représente plus mes idées, pas plus d'ailleurs que les tiennes. En plus, elle ne s'est entourée que de pédés et ça ne me plaît pas. Moi, je suis pour les quotas dans la vie et là, le quota a été dépassé puisque dans son entourage direct, il y a quinze ou vingt types homosexuels dont beaucoup sont en ménage entre eux.* » Holeindre raconte alors qu'il a sorti une feuille de sa poche et l'a tendue à Le Pen en disant « *Voilà, il y en a vingt-deux. Voilà la liste.* »... Dès sa parution, cet article tourne en boucle sur de nombreux sites d'extrême-droite concurrents du FN. Mais il n'y a pas que des cadres du parti à expliquer haut et fort pourquoi ils prennent la porte. Certains militants de base aussi. Qui ne font pas toujours dans la dentelle, eux non plus. Comme ce retraité de Reyrieux (Ain), Jean-Loup de Lacheisserie, qui a adhéré au FN en 1985 et décidé de le quitter en 2011. Il explique son départ dans le quotidien régional : « *Lors des élections internes au FN, j'ai voté pour Bruno Gollnish. Marine Le Pen a dit qu'elle ne voulait ni catholiques intégristes ni pétainistes dans le mouvement, j'ai alors écrit au président (Jean-Marie Le Pen, ndlr) pour lui signaler que si sa fille était élue, comme je suis les deux, je quitterais le Front national.* »[3]

Malgré l'inflexion donnée par la présidente du FN, les catholiques ultras conservent un poids certain au FN. À l'exemple de Bruno Gollnisch. Il reste influent dans les

3. « Catholique et pétainiste, il quitte le FN après l'élection de Marine Le Pen », *Le Progrès*, 10 février 2011.

assemblées où il est élu : la Région Rhône-Alpes et le Parlement européen. Sa présence est aussi très marquée sur Internet à travers son site personnel (*gollnisch.com*) : il est quatre fois plus consulté que celui de Marine Le Pen (selon les critères du site de référence *www.alexa.com*). Un dirigeant encore plus influent du FN ne cache pas ses affinités avec les traditionalistes : Louis Aliot, vice-président du parti et... compagnon de la présidente. Il s'est distingué pendant la campagne présidentielle de 2012 en se prononçant pour le non remboursement de l'interruption volontaire de grossesse, qu'il qualifie d'« *IVG de confort* ». Tête de liste aux élections municipales de mars 2014 à Perpignan, il a choisi parmi ses colistiers un jeune catholique traditionaliste qui dirige une maison d'édition (Artège) et un site Internet (*librairiecatholique.com*) bien connus des fidèles de la messe en latin. Parmi les catholiques identitaires du FN, il faut aussi évoquer le nom d'Hugues Petit, l'une des principales têtes de réseau des intégristes dans le parti, notamment ceux de la Fraternité Saint-Pie X, dont il est un fidèle. Il est adhérent du FN depuis 1985, membre du comité central et conseiller régional Rhône-Alpes. Maître de conférence en Histoire du Droit à l'université Pierre-Mendès France de Grenoble, ancien conseiller municipal de la ville, il participe régulièrement aux conférences et travaux de l'Institut Universitaire de la Fraternité Saint-Pie X. Citons également deux valeurs montantes du parti. Le premier, Wallerand de Saint Just, cofondateur de l'AGRIF avec Bernard Antony, est trésorier du Front national. Il est tête de liste à Paris pour les municipales de 2014 (en troisième position dans les sondages, derrière la candidate du PS et celle de l'UMP, au moment où ce livre est rédigé). Wallerand de Saint Just a participé en 1977 à l'occupation illégale, par les intégristes lefebvristes, de l'église Saint

Nicolas du Chardonnet à Paris. En 2013, il fait la Une des médias en participant à une contre-manifestation lors du défilé du 14 juillet sur les Champs-Élysées. Il était parmi les quelques dizaines de manifestants opposés au mariage pour tous qui ont sifflé le passage du Président de la République... et se sont fait arrêter par la police quelques minutes plus tard. La seconde valeur montante, c'est Alexandre Simonnot : membre du Comité central du FN, secrétaire départemental du parti dans le Val-d'Oise et conseiller municipal de Taverny. Encore relativement discret, il s'est pourtant distingué à deux reprises. En 1992, il a été le plus jeune adhérent du FN, sur dérogation spéciale de Jean-Marie Le Pen : il avait 14 ans ! En 2006, à l'occasion de la journée mondiale de lutte contre le Sida, il déchire un préservatif géant installé par la municipalité (PS) de Taverny à l'entrée de la ville. Ce qui lui vaut de faire la Une des journaux locaux et d'être condamné à 1000 euros d'amende et 9000 euros de dommages et intérêts. On peut lire à l'époque, sur le blog d'une autre figure traditionaliste du Front national, le journaliste Yves Daoudal, des commentaires de soutien tels que celui-ci : « *Bon courage Alexandre Simonnot. Il ne sera pas dit que la propagande pédéraste impose sa loi néfaste aux familles françaises. Et bravo pour cet acte de courage et de Résistance Nationale.* » Dans un entretien accordé au site *nationspresse.info*, ce jeune cadre dynamique du FN expose très clairement sa vision de l'Église catholique : « *Je ne suis catholique que par la Tradition catholique. Profondément attaché à Monseigneur Lefebvre et à son œuvre, la Fraternité Saint-Pie X, je ne les ai jamais non plus quittés. L'Église de France est paralysée par ses évêques qui sont hélas tout sauf catholiques. (...) On ne parle plus du salut des âmes, mais des Droits de l'Homme. On a mis à égalité toutes les religions alors que l'Église est l'unique Arche de Salut. On a détruit la Messe de toujours en la remplaçant par un rite qui est équivoque, d'inspiration protestante et maçonnique.* » Marine Le Pen a encore du travail pour imposer la laïcité dans ses rangs...

Christine Boutin, entre mission et ambition

À première vue, ce parcours intrigue, tant il est fait de zigzags : Christine Boutin a été successivement maire d'Affargis (Yvelines), adjointe au maire de Rambouillet (Yvelines), députée UDF, députée UMP, ministre du gouvernement Fillon et a créé trois mouvements politiques : le Forum des Républicains sociaux, le Parti Chrétien Démocrate, Force Vie (pour les élections européennes de 2014). Parfois contestée et critiquée parmi les catholiques traditionalistes (notamment pour ses rapprochements avec l'UMP), elle a toutefois permis de leur donner une audience médiatique inespérée. Et elle a fait d'un département influent, les Yvelines, un de leurs principaux fiefs. Longtemps, Christine Boutin a été une élue plutôt discrète, partagée entre ses mandats locaux et son siège de députée centriste, obtenu en 1986. Son activisme catholique ultra se manifestait plutôt hors des sphères politiques. En 1993, elle crée Alliance Vita, une association qui milite contre le droit à l'euthanasie, le mariage homosexuel, la recherche sur l'embryon et, de façon plus nuancée, contre le droit à l'avortement. Le délégué général en est Tugdual Derville, devenu l'une des figures médiatiques de la Manif pour Tous. En 1995, consécration suprême, elle entre au Vatican, comme membre du Conseil pontifical pour la famille créé par Jean-Paul II.

L'irruption de Christine Boutin sur la scène politico-médiatique a lieu le 9 octobre 1998, dans l'enceinte de l'Assemblée nationale. Un très vif débat anime les parlementaires à propos du projet de loi porté par la ministre de la Justice, Elisabeth Guigou, instituant le Pacs (Pacte civil de solidarité). Christine Boutin, farouchement opposée à ce texte, l'interpelle soudain en brandissant un livre épais : « *Vous feriez mieux de lire la Bible !* »[4]. Quelques semaines plus tard, toujours dans l'Assemblée nationale, lors d'une séance filmée par *France 3*, le Premier ministre Lionel Jospin qualifie la députée de « *marginale et outrancière dans ses propos* ». Séquence qui serait passée totalement inaperçue si Christine Boutin, en réponse, n'avait fondu en larmes... Elle en fera un livre, *Les larmes de la République*. Une République qu'elle n'hésite pas à reléguer à l'arrière-boutique de ses priorités lorsqu'elle déclare au *Nouvel Observateur* la même année : « *Je suis d'abord catholique avant d'être élue* ». Depuis le début des années 1980, l'Église catholique voit son influence chuter en France. Cette tendance se signale d'abord par une baisse vertigineuse et constante des vocations de prêtres. Mais aussi par une ringardisation et une diabolisation de toute forme de revendication publique d'appartenance à cette religion. C'est dans ce contexte que le geste de Christine Boutin prend toute sa force. Alors qu'ils se croyaient condamnés à une disparition et une marginalisation annoncées, des catholiques français – et notamment les plus identitaires – trouvent soudain en Christine Boutin un écho inespéré. D'autant que les partis ouvertement chrétiens n'ont

4. Une polémique s'en est suivie : Christine Boutin expliqua que ce n'était pas la Bible mais le règlement intérieur de l'Assemblée nationale qu'elle brandissait et qu'elle n'avait jamais dit ça... Or le compte-rendu officiel des débats de l'Assemblée nationale est formel : « Mme Christine Boutin (montrant un livre à l'assemblée). *Vous feriez mieux de lire la Bible ! Ça vous changerait !* »

En revanche, il semblerait bien que c'était le règlement intérieur de l'Assemblée qu'elle brandissait. Mais c'est elle qui l'a fait passer pour la Bible...

jamais été en France ni durables ni vraiment puissants. Avec la députée des Yvelines, une brèche s'ouvre. Mais Christine Boutin révèle assez vite ses failles. Elle joue constamment sur deux tableaux : celui de son ambition personnelle, jusqu'à devenir ministre, et celui de son intransigeance catholique. Les deux ne sont pas toujours compatibles. Pour garder le pouvoir, elle fait des concessions. Sur la question de l'avortement par exemple. Dans toutes ses campagnes électorales, elle met en avant un thème central : « *protéger la vie de la conception à la mort* ». De concert avec le Front national, elle dénonça le remboursement de l'IVG à 100% adopté par le parlement en octobre 2012. Et avait déclaré auparavant, durant la campagne présidentielle, que le programme de François Hollande était « *mortifère* » car il proposait « *l'avortement de masse* ». Or elle a participé à des majorités qui avaient sur cette question la même position que les partis de gauche. Il est en fait apparu qu'elle pouvait faire passer d'autres intérêts avant la défense de ses convictions religieuses. C'est ainsi qu'elle a reconnu avoir soutenu Nicolas Sarkozy pendant la campagne présidentielle de 2012... en échange de plus de 600 000 euros[5].

Par ailleurs, si son programme politique révèle une attention portée aux plus fragiles (mal logés, personnes handicapées, prisonniers), elle en exclut certaines catégories, à commencer par les étrangers. Elle développe à ce sujet une conception de la nation qui n'a rien à envier aux partis d'extrême-droite. Comme l'indiquent ces quelques propositions de son parti : « *supprimer le droit du sol* », enseigner « *dès la maternelle* » aux « *enfants des banlieues sensibles (...) la langue et la culture traditionnelle françaises* », proclamer « *la reconnaissance officielle des*

5. « Christine Boutin déclare avoir touché 680 000 euros de l'UMP », *Le Monde*, 4 octobre 2012.

racines judéo-chrétiennes de l'Europe »... Dans le même esprit, on trouve une idée assez singulière : « *mettre en place dans les États volontaires une monnaie complémentaire (en France, l'eurofranc), en parallèle à l'euro.* » Enfin, *last but not least,* elle veut faire adopter une dépense incontournable en période de chômage de masse : « *un plan "Ambition Cathédrales" sur quinze ans pour une campagne systématique de restauration des cathédrales, patrimoine de la nation* ». En 2010, elle participe à la fronde contre le festival de musique métal Hellfest, à Clisson, en Loire-Atlantique. Reconnu comme l'un des grands rendez-vous mondiaux de ce genre musical, des groupes cultes y jouent régulièrement : Aerosmith, Iron Maiden, ZZ Top, Deep Purple... Mais il suscite depuis quelques années des poussées de fièvre dans les courants catholiques ultras. Christine Boutin est allée jusqu'à écrire à l'un des principaux sponsors de l'événement, la marque Kronenbourg, pour lui demander de le boycotter. La raison ? Il s'agirait d'un « *festival sataniste* » qui « *véhicule la culture de mort* ». Sa deuxième heure de gloire arrive en 2012 : après le Pacs, le mariage pour tous.

L'opposition au mariage homosexuel est un de ses thèmes de prédilection. Une bonne tribune en perspective pour celle qui n'a plus aucun mandat électoral ni aucune fonction, exceptée la présidence de son Parti chrétien démocrate. Mais la place d'« égérie » et de leader charismatique du mouvement est déjà squattée par l'inénarrable Frigide Barjot. Il lui faut redoubler d'imagination pour se faire une place. C'est ainsi que l'on voit Christine Boutin s'évanouir sous les flashes des photographes lors d'une manifestation, le 25 mars 2013. Elle explique aussitôt avoir été victime des gaz lacrymogènes lancés par les CRS. Après le geste, la parole : le 11 avril, elle prévient dans l'émission « PolitiqueS » de Serge Moati que le mariage pour tous mène à « *un État totalitaire* ». Le 27 mai, en réaction à la palme d'or obtenue au festival de Cannes par *La Vie d'Adèle*, elle fait ce commentaire sur *RMC* : « *On ne peut pas voir un film, une série à la télévision sans qu'il y ait les gays qui s'expriment. Maintenant, c'est la Palme d'or, bon, ça va, quoi. Aujourd'hui, la mode, c'est les gays. (...) On est envahis de gays.* » Enfin, à ceux qui douteraient de ses affinités avec l'extrême droite et les catholiques les plus ultras, elle donne une réponse très claire le 11 juillet 2013. Ce jour-là, elle annonce sa démission du Parti Chrétien Démocrate pour se présenter aux élections européennes de 2014. Et fonde pour cela une alliance inédite intitulée La France, L'Europe, La Vie, qui deviendra Force Vie. À ses côtés, deux candidats bien connus : Béatrice Bourges, présidente du mouvement activiste Printemps français (qui a retiré sa candidature depuis), et Jean-Claude Martinez, vice-président du Front national pendant 25 ans (1983-2008).

Jean-Claude Gaudin, l'« aspergé » des sacristies

Marseille est « *une des villes les plus mystérieuses du monde et des plus difficiles à déchiffrer* », écrivait Cendrars[6]. Ses deux maires emblématiques, Gaston Defferre et Jean-Claude Gaudin, correspondent plutôt bien, à leur niveau, à cette définition. Conseiller municipal depuis 1965, premier magistrat depuis 1995, Jean-Claude Gaudin doit sa longévité et sa popularité à son tempérament jovial et à sa bonhomie. Jamais avare d'une galéjade ni d'une citation de Pagnol, il passe pour être le bon élu de province éloigné des combinaisons parisiennes et des joutes idéologiques nationales. À y regarder de plus près, la réalité se révèle tout autre. Le maire de Marseille est un homme

6. *L'homme foudroyé*, Blaise Cendrars, Folio Gallimard.

d'appareil qui passe la moitié de sa vie à Paris depuis près de quarante ans. Et sa rondeur consensuelle dissimule mal ses affinités pour certains courants extrémistes. Professeur d'histoire avant de se consacrer corps et âme à la politique, il a été salarié à ses débuts par un lycée privé de Valensole, à proximité de Marseille : c'est l'un des deux établissements appartenant à l'Opus Dei dans l'agglomération. Le second, celui de Castelvieil, se trouve dans le 8ème arrondissement de la ville, son fief électoral. Jean-Claude Gaudin a financé en partie sa rénovation par le biais d'une généreuse subvention[7]. Le 23 septembre 2010, il inaugure le bâtiment flambant neuf de 1200 mètres carrés en présence du patron de l'antenne française de l'Opus Dei. Quelques années plus tôt, en 1992, il avait fait le voyage au Vatican pour assister à un événement très particulier : la béatification du fondateur de l'Opus Dei, Josemaria Escriva de Balaguer. Une béatification (suivie dix ans plus tard de sa canonisation) qui suscita un vif malaise chez de nombreux catholiques. Josemaria Escriva de Balaguer est en effet célèbre pour avoir soutenu le régime franquiste espagnol et la dictature chilienne de Pinochet. Une preuve supplémentaire de sa proximité avec l'Opus Dei surgit en 2011, dans un contexte très différent : l'affaire Guérini. Au cours de l'instruction, qui porte notamment sur les traitements de déchets dans l'agglomération, le juge Duchaine auditionne un ancien cadre du Conseil général des Bouches-du-Rhône, présidé par Jean-Noël Guérini. Ce fonctionnaire lui explique dans quelles conditions le marché très juteux du plus gros incinérateur régional aurait été passé. Le bénéficiaire de ce marché est une société espagnole, Urbaser,

---

7. Lors de son premier mandat, le maire de Marseille s'est vanté d'avoir subventionné la rénovation de plus de 70 églises à hauteur de 10,5 millions d'euros. Pendant que les musulmans, très nombreux à Marseille, devaient se contenter de caves et de garages...

choisie par la communauté de communes Marseille-Provence-Métropole, présidée alors par Jean-Claude Gaudin. Voici un extrait des révélations faites pendant l'audition : « *L'origine de l'attribution à Urbaser a des liens, dont j'ai pu découvrir qu'ils étaient certainement très étroits, avec l'Opus Dei. La plupart des cadres d'Urbaser et sa maison mère ACS étant membres de l'Opus Dei, certains me l'ont confessé. Les liens de Jean-Claude Gaudin avec l'Opus Dei étaient connus d'Urbaser, les cadres que je rencontrais l'évoquaient en ma présence et j'ai le sentiment que cet élément a joué dans le choix de cette entreprise.* »[8]

Un quart de siècle plus tôt, en 1986, Jean-Claude Gaudin, président du groupe UDF à l'Assemblée nationale, était devenu un pionnier de la vie politique française. Candidat cette année-là aux élections régionales en Provence-Alpes-Côte-d'Azur, il décide de passer un accord politique avec... le Front national. Marché conclu : il devient le premier président de région à gouverner avec le parti de Jean-Marie Le Pen. Il confie le poste de premier vice-président à un élu frontiste, Max Baeza. À l'époque, le FN s'assumait haut et fort comme un parti d'extrême-droite. Jean-Marie Le Pen, en pleine ascension, multipliait les déclarations les plus provocatrices et insultantes. C'est pendant ces années qu'il commet ses dérapages les plus scabreux : sur les chambres à gaz « *point de détail de l'histoire* » (13 septembre 1987, *RTL*), à propos du ministre de la Fonction publique, Michel Durafour, qualifié de « *Durafour crématoire* » (2 septembre 1988, lors d'une réunion du FN), ou encore à propos du Sida : « *Les sidaïques, en respirant du virus par tous les pores, mettent en cause l'équilibre de la nation* » (6 mai 1987, sur *Antenne 2*). À la veille des muni-

8. « Nouvelles révélations dans l'affaire Guérini », *La Tribune de Genève*, 4 décembre 2011.

cipales de 2014, où les sondages annoncent un Front national plus fort que jamais, Jean-Claude Gaudin affirme qu'il est opposé à toute forme d'alliance avec le FN. Dans la réalité, les choses paraissent un peu plus compliquées. Il a en effet engagé comme assistant parlementaire un certain Guillaume de Thieulloy. Sa fonction auprès de l'élu est d'autant plus importante que Jean-Claude Gaudin est également président du groupe UMP au Sénat et vice-président de l'UMP. Or Guillaume de Thieulloy, ancien étudiant en sciences politiques, est devenu l'un des plus efficaces agents de diffusion sur Internet des idées de l'extrême-droite et des catholiques identitaires. Il est en effet à la tête de plusieurs sites très consultés, ouvertement traditionalistes, voire intégristes, et proches du FN : *le Salon beige, Riposte catholique, Nouvelles de France, l'Observatoire de la christianophobie...* (voir le répertoire en fin de livre). Voici quelques exemples d'articles que l'on peut y lire : « Marine le Pen dénonce la dictature socialiste en marche », « Les pouvoirs publics doivent protéger les Français de souche », « Pour Dieu et le Roi en Vendée », etc. Le collaborateur du vice-président de l'UMP s'est également distingué en éditant une lettre hebdomadaire intitulée « Islam confidentiel ». Un article *du Monde* qui en révéla l'existence la qualifiait ainsi : « son propos islamophobe est sans ambiguité ». On peut lire en effet à la Une du premier numéro, sorti en juin 2013 : « *Il y a bien un ennemi intérieur* » ou encore « *Le danger n'est pas seulement sécuritaire. Il est civilisationnel.* » Quand il est interrogé sur les activités militantes de son assistant parlementaire, le sénateur répond : « *Je ne cautionne pas et je ne suis responsable en rien des déclarations de Guillaume de Thieulloy qui porte seul la responsabilité de ses écrits et de ses propos.* » Mais la fonction d'assistant parlementaire est éminemment politique. Il passe ses journées à côtoyer parlementaires, responsables de partis, collaborateurs d'élus au nom de son patron. C'est par ce poste stratégique que sont passés bon nombre de maires, parlementaires, ministres et cadres de partis. En conservant Guillaume de Thieulloy à ce poste, Jean-Claude Gaudin adresse, de fait, un signal très positif à l'extrême droite catholique.

C'est sans doute à elle qu'était aussi adressée sa remarque à propos de Jean-Luc Bennhamias, chef de file du Modem à Marseille, sur la chaîne *Public Sénat,* le 26 novembre 2013 : « *celui-là n'a jamais été aspergé d'eau bénite. Moi j'ai grandi dans les sacristies. C'est mieux...* » Or Jean-Luc Bennhamias a des origines à la fois juives et protestantes. Il a aussitôt demandé à « l'aspergé » des sacristies des « *explications républicaines* ». Il les attend toujours...

ANNEXES

- Quelques médias sur Internet et sur papier
- Florilège de citations

QUELQUES MÉDIAS

SUR INTERNET ET SUR PAPIER

Sites dirigés par Guillaume de Thieulloy, assistant parlementaire du sénateur-maire de Marseille Jean-Claude Gaudin (UMP)

Le Salon beige

Créé en 2004, c'est l'un des blogs les plus suivis de France, tous domaines confondus. À titre indicatif, il est dix fois plus fréquenté que le site de l'hebdomadaire *Famille chrétienne*, et seulement trois fois moins que celui du quotidien *La Croix* (selon les chiffres du site de référence *www.alexa.com*).

Le Salon beige a été un puissant catalyseur des opposants au mariage pour tous. Il se présente sobrement comme un « blog quotidien d'actualité par des laïcs catholiques ». Quotidien, il l'est incontestablement, avec en moyenne une vingtaine d'articles postés par jour. Un chiffre plutôt imposant qui se rapproche plus de celui d'un site d'information que d'un blog. Il s'explique par le fait que plus de 95% de ces « articles »... ne sont que des reprises d'autres textes parus soit dans des journaux soit sur des sites d'associations ou de mouvements politiques. Quant à « l'actualité » traitée par « des laïcs catholiques », il s'agit plutôt d'une certaine actualité, traitée par certains catholiques. Des thèmes obsessionnels reviennent en boucle : le mariage pour tous, l'avortement, l'euthanasie. Et la sécurité. Les journaux et associations les plus cités sur le site sont ceux proches de l'extrême droite, tels le quotidien *Présent*, l'hebdomadaire *Valeurs actuelles* et l'Agrif (Alliance Générale contre le Racisme et pour le Respect de l'Identité Française et chrétienne), présidée par l'ancien responsable du FN Bernard Antony.

Nouvelles de France

À la fois magazine papier mensuel et site Internet, *Nouvelles de France* a été créé en 2010. Sa ligne éditoriale est plus politique que religieuse, avec une pointe de libéralisme, qu'on ne retrouve pas par exemple sur *Le Salon beige*. Ce qui distingue ce site, c'est aussi son ton, avec notamment des titres de très mauvais goût, tels que « Petit message à Valérie Trierweiler, première cocue de France », « Jésus n'était pas une fiotte ! » ou « Le Roi des cons » (à propos de Manuel Valls). Par ailleurs, le site de Guillaume de Thieulloy soutient Dieudonné, comme l'indiquent certains articles : « Quand bien même Dieudonné serait antisémite », « De Rabelais à Dieudo »... Dernière surprise : *Nouvelles de France* est en partie financé par des bannières publicitaires de... Bouygues Telecom, SFR et Google.

L'Observatoire de la christianophobie

Créé en mai 2010, ce site présente ainsi sa ligne éditoriale : « répertorier les actes de christianophobie en France et dans le monde. » On y trouve, mis sur le même plan, un article sur une statue de la Vierge retirée d'une maison de retraite et un autre sur l'enlèvement d'un jeune séminariste catholique au Liban. Le rédacteur en chef de ce site est Daniel Hamiche, maoïste devenu royaliste et catholique traditionaliste ; il anime une émission hebdomadaire sur *Radio Courtoisie* (voir plus loin).

Riposte catholique

Créé en janvier 2010, *Riposte catholique* est un site qui traite quasi-exclusivement de sujets liés à la religion catholique et qui joue sur deux registres : celui de l'obéissance à la hiérarchie, de l'épiscopat au Vatican, et celui de la ligne traditionaliste voire intégriste. Si le ton est globalement moins agressif que celui du *Salon beige* ou de *Nouvelles de France*, il arrive aux auteurs de se lâcher : « Pape François, attention aux bobards ! », « Les évêques intoxiqués à l'européisme ? », « L'avortement, le plus grand drame de France »... *Riposte catholique* accueille plusieurs blogs dont celui de Jeanne Smits, directrice du quotidien d'extrême-droite *Présent* et vice-présidente de l'Agrif (Alliance Générale contre le Racisme et pour le Respect de l'Identité Française et chrétienne). Le rédacteur en chef du site est Daniel Hamiche (voir *L'Observatoire de la christianophobie*).

Autres sites

TradiNews

Ce site a au moins le mérite de ne pas (trop) se cacher derrière de vagues formules : il traite de « l'actualité du traditionalisme catholique ». Son contenu, comme pour la plupart des autres sites et blogs cités ici, consiste en des reprises d'articles et de textes déjà parus ailleurs. Sur le fond, il va parfois un peu plus loin que le « traditionalisme », en soutenant les intégristes de la Fraternité Saint-Pie X ou en publiant un texte de l'ancien évêque de la Fraternité, exclu pour avoir tenu des propos négationnistes en 2009, Mgr Williamson (voir le chapitre sur la Fraternité Saint-Pie X, dans la deuxième partie). On peut aussi y lire des articles repris de journaux d'extrême-droite comme *Rivarol*. Il semble que les animateurs de ce site soient liés à l'Institut du Bon Pasteur (voir le chapitre « Bayonne est à la fête », dans la troisième partie), spécialement les abbés Philippe Laguérie et Guillaume de Tanoüarn.

Le Rouge et le noir

Simplement sous-titré « anti-chroniques du temps présent », ce site créé en octobre 2011 se distingue par l'originalité de ses textes (dans le sens où ce ne sont pas que de simples reprises d'articles publiés ailleurs) et par leur qualité formelle, voire littéraire. Rien d'étonnant à cela : son fondateur et rédacteur en chef, Carol Ardent, est un jeune candidat à l'agrégation de lettres de 25 ans. Autre singularité du site : on peut y lire des textes et tribunes parfois radicalement opposés. Cela dit, les références idéologiques et religieuses sont les mêmes que sur la plupart des autres sites cités ici : extrême droite et traditionalisme. Carol Ardent explique ainsi le choix du titre : « *Le Rouge y figure la couleur militaire ; et le Noir, la couleur sacerdotale.* » On trouve, entre autre prose, des entretiens avec Béatrice Bourges, présidente du Printemps français, Bernard Lugan, historien racialiste pro-apartheid, ou encore Julien Rochedy, président du Front national Jeunesse (entretien vidéo fleuve en sept volets).

Le Printemps français

Site qui sert de support au mouvement créé par Béatrice Bourges après avoir été exclue de la Manif pour Tous. C'est surtout une passerelle entre tous les groupuscules nés dans la foulée des manifestations contre la loi Taubira (Veilleurs, Hommen, Antigones...), avec des informations pratiques utiles à l'activiste de base : annonces de manifestation, matériel militant, etc. Sur le contenu, il n'y a pas grand-chose, et pour dissimuler ce vide, quelques articles au style grandiloquent, voire grotesque, tel ce très long texte en deux parties : « Prolégomènes : Réflexions introductives sur le concept de modernité au sein de l'antagonisme contemporain l'opposant à la tradition ». Il est signé... Jonathan.

La Porte latine

Site du district français de la Fraternité Sacerdotale Saint-Pie X. Alimenté quasi quotidiennement, c'est surtout une source de documentation très complète sur l'organisation intégriste schismatique.

Le Forum catholique

D'une présentation très basique pour ne pas dire kitsch, *Le Forum catholique* est un site de discussion destiné aux internautes. Contrairement à ce que son titre indique, on n'y retrouve qu'une partie seulement de la communauté catholique, la plus ultra. Une personnalité est invitée de temps à autre pour discuter avec les membres du Forum.

Journaux

Si Internet est clairement devenu le support de prédilection des catholiques identitaires, et si nombre de leurs mouvements ont leur propre journal ou revue, ils disposent aussi de tribunes dans des supports d'audience plus large.

Présent

Quotidien fondé en 1982 par les deux principales figures de l'activisme national-catholique, Jean Madiran (décédé en juillet 2013) et Bernard Antony, qui ont été tous deux membres du Front national. Pour définir la ligne du journal, Jean Madiran aimait à dire : « *Nous sommes à droite de l'extrême droite* ». Le titre « Présent » a été choisi par Bernard Antony en référence à José Antonio Primo de Rivera, fondateur de la Phalange espagnole, inspiratrice du franquisme, qui, au moment d'être exécuté en 1936 par les Républicains, répondit « présent » à l'appel de son nom. Le journal est actuellement dirigé par Jeanne Smits, par ailleurs très active sur Internet.

France catholique

Fondé en 1924, *France catholique* est un hebdomadaire assez atypique, plus intellectuel que militant. S'il est ouvert au débat, à l'image de son rédacteur en chef Gérard Leclerc, il accueille généreusement les thèses défendues par les courants les plus ultras du catholicisme. Gérard Leclerc est notamment partisan d'un rapprochement du Vatican avec les intégristes de la Fraternité Saint-Pie X, point de vue qu'il a développé dans un livre paru en 2012 : *Lefebvristes : le retour. Pourquoi le dialogue est difficile mais intéressant.*

Famille chrétienne

Hebdomadaire créé en 1978 sur le modèle du *Famiglia cristiana* italien, *Famille chrétienne* se veut un journal généraliste et familial. Mais il est de fait très marqué politiquement, en défendant une ligne qui oscille entre droite et extrême-droite, et religieusement, en prônant une réconciliation entre le Vatican et les intégristes lefebvristes. *Famille chrétienne* est par exemple l'un des rares journaux à avoir relaté la manifestation « Jour de colère » du 26 janvier 2014 sans dire un seul mot des slogans antisémites qui y ont été proférés, et relayés dans tous les médias et sur Internet. Le journal appartient au groupe Média-participations, également propriétaire, entre autres, des éditions Fleurus, Desclée de Brouwer, du Rocher, Mango, des éditions de bande dessinée Dargaud, Dupuis, le Lombard et du journal *Rustica*.

FLORILÈGE DE CITATIONS

Action directe

« L'engagement des jeunes catholiques dans le mouvement de contestation de la loi Taubira a favorisé l'émergence au sein de l'Église d'une nouvelle génération politique ayant fait la preuve de sa combativité et de son inventivité. Tout en épuisant les moyens légaux de la lutte (manifestations, pétitions, lobbying, négociations, etc.), les acteurs de la « génération mai 2013 » se sont distingués par leur capacité à s'approprier les codes d'un langage politique plus radical, celui de l'action directe (actes de désobéissance civile, *happenings* festifs, affrontement délibéré avec la police, etc.). Dans cet atelier, nous nous proposerons d'étudier ce langage - ses différentes formes, son histoire, ses potentialités, ses contraintes - afin de discerner les meilleures conditions de son appropriation par la jeunesse catholique, aussi bien en termes d'efficacité politique que de fidélité à l'Évangile. »

Les alternatives catholiques (association lyonnaise créée en 2011), Atelier « Engagement des catholiques et Action directe »

Barbarie

« Chaque jour qui passe nous apporte son nouveau lot de sales besognes commises par des barbouzes en civil et des policiers, gendarmes et CRS transformés en basse police politique. Pour leur honneur, pour celui de la France, la vraie, pas celle du pays légal soumis aux forces occultes, il faudra bien tôt ou tard que certains cessent d'exécuter des ordres scandaleux. À un certain stade, chacun, en son âme et conscience, doit choisir son camp. Sinon, ce serait considérer que les pires barbaries seraient absoutes parce que pratiquées à la suite d'un ordre d'un chef hiérarchique. Déjà en 1905, la question s'était posée pour des gendarmes envoyés fracturer à coups de hache les portes d'églises. La situation était à ce point dramatique que des officiers de gendarmerie avaient présenté leur démission. Tandis que d'autres s'étaient déshonorés en faisant feu sur des catholiques, ce qui, au final, fit chuter le gouvernement maçonnique de l'époque. »

« Et maintenant, qu'allons nous faire ? », Alain Escada, *Nouvelles de France*, 1er juin 2013

Capote

« À bien y regarder, ce qu'on appelle le progrès permet un certain "bien" ou un confort : je n'aime pas mon nez, je le fais refaire ; je ne veux pas d'enfant, j'ai pilule et capote ; je n'aime plus, je divorce ; je me sens femme, la médecine m'en donne l'apparence ; je ne veux pas souffrir, je demande qu'on me tue ; je veux quelque chose, je me sers… La liste est longue. »

« Envole-moi », *La mouche du coche,* site du diocèse de Fréjus-Toulon

Croisade

« La Croisade est souvent un peu hâtivement qualifiée de "guerre sainte". Elle est souvent mise en parallèle avec la guerre sainte musulmane ou Djihad. (...) La Croisade fut une institution temporaire, fruit de circonstances particulières et née de la nécessité de défendre la Chrétienté tandis que le Djihad est une institution permanente créée dans un but évident de conquête religieuse. Les Croisades, plutôt que des "guerres saintes", sont des "guerres justes" qui sont à distinguer des guerres privées. La Croisade fut avant tout un pèlerinage armé. La prise de la croix ressemble au vœu du Pèlerin. La croisade est ponctuée de messes, de jeûnes, de processions.

(...) Le principal reproche fait aux Croisés est la prise de Jérusalem le 15 juillet 1095 au terme de la première Croisade et qui fut suivie d'un horrible massacre. Sans justifier cet acte, on peut remarquer que le massacre de la population après la prise d'une ville est une pratique courante au Moyen-Âge et se poursuivra en Europe jusqu'à l'époque moderne. Le fait est également avéré lors de la prise de Damas par les Mongols. C'est une pratique de guerre que l'on retrouve aussi entre chrétiens. »

« Idées reçues sur les Croisades », *Ichtus*, www.ichtus.fr

Despotisme

« Paris vient d'accueillir la plus grande manifestation populaire de toute l'Histoire de France. Beaucoup pensaient que son ampleur n'égalerait pas la première : c'était une erreur. Cette manifestation du 24 mars 2013 confirme donc et renforce les enseignements de la précédente. Le 13 janvier, nous étions un million, nous avons atteint sans doute le million et demi, la prochaine fois nous reviendrons deux millions. Ne parlons pas des évaluations dérisoires et scandaleuses du Pouvoir et du Léviathan médiatique : le Docteur Goebbels n'est pas mort. Cette observation nous met au cœur du sujet : le Peuple français se trouve en face d'une nouvelle entreprise totalitaire. En quoi consiste-t-elle ? Comme dans toute idéologie, il y a au principe une volonté arbitraire d'indépendance absolue. L'idéologue des Démons de Dostoïevski en a donné pour toujours la formule achevée : "Je commence avec la liberté absolue et j'aboutis à la dictature parfaite." C'est la logique de Robespierre. C'est la logique de Lénine. C'est la logique de Peillon, c'est celle de Taubira. C'est la logique totalitaire, partout et toujours, qui produit toujours le même résultat, le despotisme, en vertu d'une force des choses. Car il s'agit de transformer un Peuple en une Communauté de transgression, menée à la baguette par une secte d'idéologues. Ce que les totalitaires nomment "égalité", ce n'est pas la justice, dont ils se moquent. C'est une religion monstrueuse. C'est une communion transgressive entre maniaques de la liberté absolue. Cette communion se réalise toujours par une action politique, symbolique et sacramentelle, qui peut être le meurtre d'un monarque ou l'assassinat d'une classe, le renversement d'un autel, la suppression de la propriété privée, ou l'élimination d'une race. Ce pourrait être aussi l'infanticide, ou le suicide, ou le parricide collectif. De notre temps, un parti-secte a décidé l'abolition du couple et de la famille. C'est là son sacrement. C'est là son culte. C'est sa communion, son Égalité. C'est là qu'il jouit et s'adore. »

Henri Hude, agrégé de philosophie, ancien directeur du lycée Stanislas à Paris, ancien professeur à l'Institut Jean-Paul II (Université du Latran, Rome), membre du comité de rédaction de la revue *Commentaire*, ancien membre du conseil d'administration de l'institut Montaigne, *Le Rouge et le noir*, 25 mars 2013

Dictature

« Ce peuple, longtemps méprisé, est enfin prêt à se lever et à s'élever contre des décisions qui l'humilient. C'est dans cet esprit de ras-le-bol généralisé et de résistance pacifique qu'est né le "Printemps français" ; afin que chacun puisse ouvrir sa gueule. Notre leitmotiv n'est pas de mettre à bas un régime mais de combattre une idéologie de terrorisme intellectuel en vertu de laquelle on ne peut rien dire sans se faire traiter de fasciste. (...)

Le "Printemps français" aura à cœur de dénoncer une dictature de la pensée guidée en partie par le Grand Orient de France et les LGBT. On s'attaque à un énorme morceau. Quand Pierre Bergé dit que le ventre d'une femme est comparable aux bras d'un ouvrier, c'est injurieux envers la femme et l'ouvrier. Au nom de quoi peut-il donner des leçons et imposer sa pensée ? En vertu de quoi les professeurs pourront-ils désormais dire aux élèves de six ans : "Vous serez filles ou garçons en fonction de votre désir" ? On nage dans une déstructuration complète de l'humanité. »

Béatrice Bourges, entretien accordé au site *Boulevard Voltaire*, 14 avril 2013

École

« Nous ne voulons pas que nos enfants apprennent la masturbation dans les écoles et qu'on leur dise qu'ils peuvent choisir leur sexe. Nous ne voulons pas non plus que l'école à la maison soit interdite ».

Alix, de la manifestation « Jour de Colère » du 26 février 2014, propos recueillis par *Famille chrétienne,* le 27 février 2014

Femme au foyer

« Les femmes, par nature porteuses de valeurs qui sont la colonne vertébrale de toute civilisation (sens de l'écoute, propension à la sociabilité, talent en matière d'éducation, goût de la conciliation, aptitude à se donner généreusement...), permettent de faire reculer le matérialisme, la "marchandisation" de l'homme, la violence... C'est une évidence telle que même un Renaud ou un Pagny en ont fait des chansons (*Miss Maggie,* 1985 et *Un jour une femme,* 2000) ! Il s'agit simplement de leur permettre, si elles le désirent, de s'occuper exclusivement de leurs enfants, pour une période déterminée ou pour leur vie entière ! (...) »

« Idées reçues sur les femmes au foyer », *Ichtus,* www.ichtus.fr

Fierté

« Les trente dernières années ont été sans pitié pour les hommes, dont on a diabolisé la sexualité, qu'on a enjoint de se comporter en famille comme de parfaites assistantes maternelles, qu'on culpabilise chaque jour à propos des tâches ménagères ou des inégalités professionnelles. C'est oublier bien vite que notre société tertiaire n'est possible que parce qu'il y a beaucoup d'hommes dans les métiers physiques et pas toujours gratifiants qui sont indispensables à notre vie quotidienne. À ma connaissance, personne ne manifeste pour demander la féminisation des éboueurs, égoutiers, soldats des sections de combat, ouvriers du BTP, manutentionnaires, etc. Le père a aujourd'hui besoin de retrouver sa fierté d'homme, et les femmes ont un rôle majeur à jouer pour les y aider. »

« Éduquer autrement », entretien avec Pierre-Henri d'Argenson, diocèse de Fréjus-Toulon

Geôles

« Nous sommes cette jeunesse française de tous horizons, de tous milieux et de toutes sensibilités qui a appris à se connaître et à s'apprécier durant les longues nuits passées au fin fond des geôles de la dictature socialiste. »

Louis-Marie Resseguier, responsable de Civitas Jeunesse Angers, Marche contre l'anti-christianisme, 20 octobre 2013

Guerre

« Si la “détresse” n’est plus invoquée, on ne voit pas à quel titre l’IVG bénéficierait de la couverture sociale… Être enceinte n’est pas une maladie. Si le drame de l’avortement est un problème politique, c’est également qu’il ne concerne pas uniquement le choix personnel d’une femme sur quatre en France (c’est encore plus pour les jeunes). De la même manière que les guerres de 14 et de 39 ont dangereusement creusé la pyramide des âges, qui mesurera les conséquences négatives pour la démographie de ces 222 500 enfants – deux fois plus qu’en Allemagne – qui ne sont pas nés chaque année depuis près de quarante ans ? Ce qui se joue là n’est rien de moins que la chaîne des générations, et donc la substance même d’un pays : des hommes et des femmes, de chair et de sang, qui depuis des siècles se transmettent un patrimoine, des valeurs, une foi. »

« L’avortement, problème politique », éditorial d’Aymeric Pourbaix, directeur de la rédaction de *Famille chrétienne,* 20 janvier 2014

Homo Lanta

« Ce qu'il nous faudrait maintenant, c'est un *buzz*, un truc marketing à coloration scientifique, un truc fédérateur. Je propose un Homo Lanta. Le principe est simple : on choisit deux îles aussi paradisiaques que désertes et inaccessibles ; sur l'une 5 couples hétérosexuels volontaires, sur l'autre 5 paires homosexuelles, volontaires aussi bien entendu, et du même sexe (qui a dit "Mykonos" ?). On attend 60/70 ans et on revient voir. On constatera sur les deux sans aucun doute des signes de présence humaine, de relation entre les personnes, et même de préférence amoureuse entre les individus. La seule différence tiendra au fait que les 5 paires homosexuelles seront applaudies des deux mains et des deux pieds par Nicolas Hulot pour la réduction considérable de leur empreinte écologique : 70 ans après, l'île sera à nouveau déserte. L'autre île, elle, sera marquée par la croissance démographique et économique, la vie quoi ! (...) Ce qui nous conduit au paradoxe étonnant des homosexuels-qui-veulent-fonder-une-famille : elle dépendra nécessairement de l'altérité que, pourtant, par essence, ils rejettent. »

« Homo Lanta », *La mouche du coche*, Diocèse de Fréjus-Toulon

Lubricité

« C'est pour de tout autres raisons que les nôtres que certains antiques défendaient la pédérastie : c'était surtout par misogynie – l'amour des garçons virilise, celui des femmes dévirilise. Le guerrier doit trouver son repos et tremper son ardeur dans le corps franc et musclé d'un éphèbe et non amollir ses sens dans la couche d'une femme pleine de caresses et d'artifices ; autant dire que s'ils voyaient l'homosexualité contemporaine, ces pédérastes antiques n'auraient que mépris pour ses travestissements et efféminations et défendraient sans doute la virile stature du *pater familias*... À moins que, comme les raille entre autres Plutarque en son *Erotikos*, la haute moralité dont ils parent leurs mœurs amoureuses ne soient que le vertueux habit de leur secrète lubricité d'amateurs de jeunes garçons et d'enculeurs d'adolescents. (...) Comme pour Narcisse, l'homosexualité n'est qu'illusion et suicide, piège mortel, impasse, voie sans issue, fosse, trou noir d'où rien ne peut sortir de fécond... Elle est la maladie des peuples fatigués, des siècles décadents, des sociétés finissantes. Rome de la chute de l'empire, Paris de la fin des Bourbons étaient ravagées d'homosexualité. Elle est le signe avant-coureur des effondrements, des révolutions, des bouleversements, des invasions, des catastrophes. Elle est le symptôme même de la décadence »

« Voie sans issue », Jacques de Guillebon et Falk Van Gaver, *Nouvelles de France*, 31 août 2012

Martyre

« L'homosexualité est un désordre : un désordre mental, comportemental, moral, social, un désordre sentimental, un désordre amoureux. L'homosexualité est un mal, un mal social, un mal spirituel, un mal existentiel, et rien ne nous empêchera de le penser et de le dire – comme de penser et dire que deux et deux font quatre. La vérité – et la liberté avec, et la liberté donc – ou la mort. Car qui n'est pas vrai est déjà mort. Qui ne vit pas vraiment, en vérité, dans la vérité, est comme mort : sa vie n'est pas vraie vie, elle est simulacre. Et même la mort ne nous ravira ni liberté ni vérité. Nous sommes prêts au martyre – c'est-à-dire au témoignage à temps et contretemps. Personne n'ose faire une attaque en règle de l'homosexualité. (...) si condamner une "communauté" dans ses agissements pervers est une phobie selon le langage psychiatrisant contemporain, alors nous sommes homophobes comme le Christ était pharisianophobe : "race de vipères", "sépulcres blanchis", "hypocrites", tout cela ne vous dit rien ? Comme le Christ était donc méchant. Comme il était phobe. »

« Le bûcher des homophobes », Jacques de Guillebon et Falk van Gaver, *Nouvelles de France*, 4 septembre 2012

Pantalon

« Si nous faisons un bref recensement des personnalités féminines ayant lancé le port du pantalon chez les femmes, du XIXe siècle au début du XXe, nous rencontrons George Sand (1804-1876), Rosa Bonheur (1822-1899), Jane Dieulafoy (1851-1916), Sarah Bernhardt (1844-1923), Louise Abbéma (1853-1927), Rachilde (1860-1953), « Marc » de Montifaud (1845-1912), Colette (1873-1954) et la marquise de Belbeuf, Gyp, Madeleine Pelletier (1874-1939), Claude Cahun (1894-1954), Violette Morris (1893-1944), Maryse Choisy (1903-1979), Odette du Puigaudeau (1894-1991) et sa compagne Marion Sénones. Ces femmes sont toutes des personnalités notoirement scandaleuses entachées par les mœurs dépravées. (...) Là où la modestie chrétienne n'est pas maintenue, le christianisme se fane, le langage s'abaisse, les relations deviennent vulgaires, la pureté de l'amour disparaît, les vocations deviennent rares. Et si le pantalon féminin ne peut être évité, en raison des malheurs des temps (profession, activité extraordinaire, sécurité, etc.), je me permets de vous le demander, qu'il ne paraisse plus, désormais, dans nos maisons, dans nos écoles, dans nos chapelles, ni sur les chemins de nos pèlerinages. Je vous bénis et je vous assure de mes prières dans le Cœur Douloureux et Immaculé de Marie. »

« Du genre vestimentaire au *gender* », Abbé Regis de Caqueray, supérieur du district français de la Fraternité Saint-Pie X, octobre 2012

Pinochet

« Prenons Pinochet. Je ne dis pas que son régime soit parfait, mais du moins trouvons-nous les principes chrétiens pour programme fondamental de son orientation politique. C'est un homme de justice et d'ordre et il favorise la présence de l'Église catholique, même si les évêques chiliens - quel paradoxe ! - ne lui sont nullement reconnaissants. Il semble plutôt que les évêques chiliens veuillent pour leur pays un nouvel Allende. Par bonheur, le peuple catholique ne les suit pas sur ce point. Je suis allé à Santiago il y a un mois, pour inaugurer l'ouverture de l'une de nos églises. Je crois que les fidèles nous suivraient en masse, si nous avions suffisamment de prêtres, tant ils sont exaspérés par l'attitude de leur hiérarchie ! Quand Pinochet a échappé dernièrement à un attentat, il s'est déroulé dans la capitale des manifestations de solidarité et d'affection à son égard. Beaucoup d'entre elles ont eu un caractère religieux spontané. Les gens criaient : "Merci, très Sainte Vierge, d'avoir protégé la vie du général". »

« Si c'est mon devoir, je sacrerai des évêques », entretien avec Mgr Lefebvre, Revue *Fideliter*, mai 1987

Races

« On voit bien que l'on cherche à métisser les gens le plus possible. D'ailleurs, on voudrait même supprimer le mot "race", qui devient un gros mot. Ce métissage permet de couper les gens de leurs origines. On arrive ainsi à défragmenter les sociétés. Il faut analyser les différents phénomènes dans leur globalité et non de manière isolée. Quand Renaud Camus dit que le "Grand Remplacement" participe à cette défragmentation de nos sociétés et de nos familles, il a raison. Tous les sujets touchant à notre vie, à nos familles, à nos enfants, à notre société, forment un tout. »

Béatrice Bourges, conférence au Back Up (Paris 15e), 5 juillet 2013

Rond-point

« Choisis par une majorité de citoyens, les élus possèdent la légitimité pour exercer courageusement les droits que leurs confèrent leurs mandats électifs. Ils peuvent, faut-il le rappeler, ne pas subventionner des associations ou des groupements dont les objectifs déclarés ou avérés sont attentatoires à l'identité nationale. Ils devraient également tout mettre en œuvre pour la sauvegarde et l'entretien du patrimoine culturel tant profane que religieux de leur commune ; lequel comprend également des oratoires et des croix, si souvent dans un triste état quand ils ne sont pas carrément démolis lors de l'élargissement d'une route ou de la création d'un rond-point. »

Civitas, *Lettre aux élus* n°4, 4 mars 2010

Russie

« Russe ça me dit bien moi. Ce pays grand comme un continent, où sensibilité et honneur se marient étonnamment dans les cœurs, qui a vu naître Gogol, Pouchkine et Tolstoï, où la foi est protégée par le gouvernement, où l'organisation d'une gay-pride est rendue impossible par les citoyens qui dans leur ensemble la refusent sans que les médias ne viennent leur faire un lavage de cerveau à base de "c'est pas gentil ça !". C'est tentant de se barrer (...) Le monde veut rêver et ne plus avoir peur. Les femmes flippent et commencent à réaliser que prendre un truc chimique chaque jour pour ne pas avoir d'enfants c'est louche, les médecins ne veulent plus pratiquer d'avortement, 35 ans de lobbying du Planning Familial n'ont pas réussi à faire croire qu'il était un acte de libération de la femme, les parents ne veulent plus d'une école qui rééduque leurs enfants ».

« Ah si j'étais Russe », *La mouche du coche,* site du diocèse de Fréjus-Toulon

Socialisme

« Dans son *Syllabus* du 8 décembre 1864, Léon XIII nomme *"peste"* socialisme et communisme. Plus tard, il écrit au sujet de la théorie socialiste : *"elle est souverainement injuste en ce qu'elle viole les droits légitimes des propriétaires, dénature les fonctions de l'État et tend à bouleverser de fond en comble l'édifice social"* (Léon XIII, *Rerum novarum*, n°435, 1891). La position est sans équivoque. Quarante ans plus tard, le socialisme a subi des transformations, notamment en ce qui concerne la lutte des classes et la propriété privée. La position de l'Église s'en trouve-t-elle modifiée ? Non, nous dit Pie XI, *"le socialisme, même après avoir concédé à la vérité et à la justice (...) ne peut se concilier avec les principes de l'Église catholique : car sa conception de la société est on ne peut plus contraire à la vérité chrétienne"* (Pie XI, *Quadragesimo Anno*, 1931). Ce que beaucoup de croyants, ignorants de l'enseignement politique et social de l'Église, ne perçoivent pas. Ainsi donc, le catholique adhérant pleinement au Christ et donc à son Église ne peut, sans prendre le contre-pied de son enseignement, se reconnaître dans l'idéologie socialiste... même si, à première vue, son idéal de justice et de charité peut s'avérer séduisant. »

« Le socialisme est-il chrétien ? », *Ichtus*, www.ichtus.fr

Sodome et Gomorrhe

« Quoi qu'il en soit, les maires catholiques, en particulier, ont le grave devoir de refuser de célébrer des "mariages unisexe" et, pour celles et ceux qui exercent également un mandat de député, de voter en faveur de lois qui légaliseraient tant l'accès de "mariées unisexe" à la PMA que la GPA. Il y va de leur salut éternel ; de même que c'est un péché d'obéir à l'ordre de commettre un péché, c'en est un autre de commander aux hommes de pécher ; cela signifie également que l'on ne peut, en conscience, se défausser en déléguant à un adjoint la responsabilité de célébrer une parodie de mariage. (...) Soyons convaincus que l'on ne peut combattre une mystique révolutionnaire (cf. pt II.2. supra), qui entraîne le délabrement complet de la société dans tous les domaines, que par la mystique du Christ. Saint Paul, encore, nous avertit que ce n'est pas uniquement contre des puissances simplement humaines que nous avons à lutter : *"Tenez toujours en main le bouclier de la foi, grâce auquel vous pourrez éteindre tous les traits enflammés de Satan. Prenez aussi le casque du salut et le glaive de l'Esprit, qui est la parole de Dieu"* (éph. 6.10-17). Dieu est gravement offensé par l'homosexualité, péché contre l'esprit, car l'inversion est la négation de la volonté divine.

Des recherches tant scripturaires qu'archéologiques et géologiques, effectuées au cours des dernières décennies, ont abouti à la conclusion que là où l'Ancien Testament situe Sodome et Gomorrhe, des cités antiques ont manifestement été désintégrées dans le magma.

Avec la loi Taubira, notre société est arrivée au stade final du cancer. »

Civitas, *Lettre aux élus* n°10 du 5 novembre 2013

Soutane

« La vertu de religion, le détachement de ce monde s'expriment aussi dans la tenue extérieure. L'habit des membres de la Fraternité est la soutane. La soutane est un témoignage, une prédication ; elle éloigne les esprits mauvais et ceux qui leur sont soumis, elle attire les âmes droites et religieuses. Elle facilite beaucoup l'apostolat. Les Supérieurs sont juges de l'usage du clergyman noir avec col romain dans les pays où il est porté depuis très longtemps comme dans les pays anglo-saxons. Plus l'impudence et la concupiscence de la chair envahissent la société, plus la présence de la soutane s'avère nécessaire. »

Statuts de la Fratenité sacerdotale saint-Pie X

Totalitarisme

« L'idéologie totalitaire issue de Mai 68 a fait des ravages colossaux, dans tous les domaines. Le libéralisme libertaire a anéanti la France. Mais, dans un instinct de survie, les Français sortent, comme un peu hébétés, d'une hibernation qui a duré plus de 40 ans. »

Béatrice Bourges, entretien au journal de l'Action Française, 2000

TABLE

DÉJÀ PARU AUX ÉDITIONS DU TEMPS PRÉSENT

Suzanne Tunc, *Ludmila Javorová. Histoire de la première femme prêtre*, 2012.

Laurent Laot, *De la laïcité. Chemin(s) faisant*, 2012.

Susan Strange, *Le retrait de l'État. La dispersion du pouvoir dans l'économie mondiale*, 2011.

Christiane Taubira, *Égalité pour les exclus. Le politique face à l'histoire et à la mémoire coloniales*, 2009.

Martine Sevegrand, *Temps Présent. Une aventure chrétienne. Tome 1 : l'hebdomadaire (1937-1947)*, 2006.

Dans la collection « Mémoire vive »

Michel Dallaporta, *Un conscrit de la 58.2.B. D'éclaboussures en éclats de vérités*, préface de Michel Rocard, 2014.

Sabine Landré, *Elia Perroy. Une femme dans son siècle*, 2011.

Martine Sevegrand, *Temps Présent. Tome 2 : une avant-garde catholique (1950-1968)*, 2011.

Dans la collection « Racines & Ruptures »

Jean de Maillard, *La fabrique du temps nouveau. Entretiens sur la civilisation néolibérale*, 2011.

Olivier Bobineau, *Les formes élémentaires de l'engagement. Une anthropologie du sens*, 2010.

Edgar Morin, *Pour et contre Marx*, 2010.

Sylvain Gouguenheim, *La réforme grégorienne. De la lutte pour le sacré à la sécularisation du monde*
2009 : première édition
2014 : édition revue et corrigée

Dans la collection « Semeurs d'Avenir »

Roger Nifle, *Le sens du bien commun. Pour une compréhension renouvelée des communautés humaines*, 2011.

Joseph Moingt, s.j., *Croire quand même. Libres entretiens sur le présent et le futur du catholicisme*, 2010.

Cécile Renouard, *Michaël Walzer ou l'art libéral du civisme*, 2010.

Cet ouvrage a été achevé d'imprimer
par l'imprimerie Laballery à Clamecy
en février 2014.

Dépôt légal : février 2014.
N° d'impression : 402166
Imprimé en France